惜しむ神

ヨナ書講解説教

中島英行
Hideyuki Nakajima

一麦出版社

Soli Deo Gloria

竹森満佐一先生

ヘッセリンク先生と共に
(東京神学大学・カルヴァン研究会)
ヘッセリンク先生＝右端　著者＝左から二人め

目次

装釘　鹿島直也

惜しむ神

ヨナ書講解説教

ヨナ書一章一―三節　　　（主の言葉がヨナに臨んだ）

主の言葉がアミッタイの子ヨナに臨んだ。「さあ、大いなる都ニネベに行ってこれに呼びかけよ。彼らの悪はわたしの前に届いている。」しかしヨナは主から逃れようとして出発し、タルシシュに向かった。ヤッファに下ると、折りよくタルシシュ行きの船が見つかったので、船賃を払って乗り込み、人々に紛れ込んで主から逃れようと、タルシシュに向かった。

「主の言葉」がヨナに臨んだとあります。「主の言葉」が主語です。ヨナ書は、この「主の言葉」で始まり、「主の言葉」で終わっています。

わたしたちは皆、この「主の言葉」の前に立っています。わたしたちの夢や希望が先にあるわけではありません。世界の現実が先にあるのではありません。わたしたちは、この主の言葉に聞き、服従し、応答することが求められています。

この主の言葉がヨナに臨んだのです。主がヨナに語りかけ、ヨナを召し、遣わされたのです。わたしたち一人ひとりも、それぞれに置かれた場所で、主に呼びかけられ、召され、それぞれの使命に遣わされております。それに従順に応答することが求められています。

「さあ、大いなる都ニネベに行ってこれに呼びかけよ。彼らの悪はわたしの前に届いている」と、ヨナは命ぜられました。

「さあ」は、口語訳では「立って」と訳されております。「立って」は決断を表します。つまり、「立って」大きな都ニネベに行って、これに呼びかけよ、と命ぜられたのです。

ニネベはアッシリア帝国の首都で、繁栄した大きな都でした。当時の世界を支配する権力と権勢に満ちた都だったのです。紀元前七二一年に、北王国イスラエルはこのアッシリアによって滅ぼされました。ニネベはイスラエルの民にとって恐るべき敵でした。しかも、彼らは外国人であり、イスラエルの軽蔑すべき異邦人だったのです。

「彼らの悪はわたしの前に届いている」とあります。彼らの悪とは何でしょうか。ナホム書三章一節以下に、「災いだ。流血の町は。町のすべては偽りに覆われ、略奪に満ち、人を餌食にすることをやめない。鞭の音、車輪の響く音。突進する馬、跳び駆ける戦車。騎兵は突撃し、剣はきらめき、槍はひらめく。倒れる者はおびただしく、しかばねは山をなし、死体は数えきれない。人々は味方の死体につまづく」とあります。ここにニネベの悪が具体的に表されています。このニネベの悪は神の前に届き、覚えられています。それだけでなく、今日の世界に満ちた数々の悪も主の前に届き、覚えられています。神の支配は世界全体に及んでいます。

ヨナは「立って」この異邦人の悪に満ちた大きな都ニネベに行き、これに「呼びかけよ」と命ぜられたのです。

ヨナ書においては、ヨナは「預言者」とは呼ばれておりません。しかし、ヨナは預言者的使命に召されている平凡な信徒です。

ヨナは「アミッタイの子ヨナ」と呼ばれています。しかし、これがヨナの実名ではありません。「アミッタイの子ヨナ」は、紀元前八世紀に北王国イスラエルに実在した預言者でした。列王記下一四章二五節にあるように、彼はヤラベアム二世の時代にその領域を回復し、大いに繁栄することを預言した人物でした。

しかし、ヨナ書に出てくるヨナは、バビロン捕囚後の紀元前六世紀から四世紀にかけて登場した人物と思われます。イスラエルの民は、バビロン捕囚から解放されたペルシア時代に、エルサレムに帰還して第二神殿を再建し、律法を中心とした信仰共同体を形成しました。これは第二の出エジプトと言われる大きな恵みの出来事でした。

しかし、イスラエルの民は、やがて自分たちこそ神から愛され、選ばれた民であることを誇り、他の異邦人たちを差別する排他的な選民主義に陥ったのです。主が自分たちを愛し、選ばれたことを誇ることは誤りではありません。わたしたちは皆、主に愛され、選ばれております。しかし、その自分たちを愛し、選んでくださった「神を誇る」のではなく、その神に愛され、選ばれた「民を誇る」ことは選民主義に陥ります。

またイスラエルの民は、自分たちが律法に従う「正しい」民であるということを誇る「独善主義」に陥って、他の律法をもたない異邦人を軽蔑し、差別するようになりました。そして神殿を形式的に崇拝する神殿崇拝や、律法を形式的に守る律法主義に陥って、「ユダヤ教団」を形成したのです。これはイエス・キリストの厳しい批判を招いたのです。ヨナはこの頃のイスラエルの民の代表者でした。

二節を見ますと、「しかしヨナは主から逃れようとして出発し、タルシシュに向かった」とあります。ここに「主から逃れようとした」ことが二度語られております。また「タルシシュに向かった」ことも三度語られております。タルシシュはスペインの南にある、イスラエルから遙か遠方にある地でした。あの放蕩息子が、主の前から逃れて、主の支配の及ばない遠い国に旅立ったように、ヨナも主から逃れて、主の支配の及ばない遠いタルシシュに向かったのです。

ニネベはエルサレムの東にありましたが、タルシシュは西にありました。つまり、ヨナは主の命令に反して、それと全く逆の方向へと逃げて行ったのです。ヨナは傲慢で頑なな人物だったのです。

そして、ヨナはヤッファに「下り」、おりよくタルシシュ行きの船が見つかったので、人々に紛れ込んで、船賃を払って「乗り込み」（原文では下り）、船底に「下った」のです。そして海に投げ込まれ、深い海の底に沈んでいったのです。主から逃れようと逆の方向へ「立って」出て行くことは、「下へ、下へ」と降る、下降の道を辿ることになります。

またヨナは「沈黙して」「立って」出て行きました。また人々に紛れ込み、「主から隠れて」出て行ったのです。そこに主の前から逃れるヨナの強固な意志が伺えます。彼は主を否定したわけではありません。ただ主から命令された務めから遠く離れて、逃げ去ったのです。

ヨナはなぜ、大きな都ニネベに「立って」行って、これに呼ばわることから逃げたのでしょうか。それは「立って」悪に満ちた大きな都ニネベに行って、呼ばわることに恐怖を覚えたからではありません。確かに、この務めに立って出て行くことに、わたしたちは恐怖を覚えます。しかし、ヨナが主から逃れたのは、何よりもこのニネベの都がイスラエルの軽蔑する異邦人の悪に満ちた都だったからであります。ヨナは、イスラエルの排他的な選民主義者だったのです。ヨナは主の召しに反し、その派遣命令に背いて、「立って」異邦人の悪に満ちた都ニネベに行くことを拒否したのです。

教会に人々を「招く」ことも、また教会を維持し守ることも大切でしょう。しかし、教会は同時に外の人々に仕えるために、この世に「派遣されて」おります。教会は、ただじっと腰を据えて、ただ待っているだけであってはなりません。この主の「派遣命令」に従順に応えて、「立って」出て行かなければなりません。

この主の派遣命令に従順に応えることなしには、教会に人々を「招く」ことも、教会を維持し守ることもできないでしょう。

復活の主キリストも「シャローム」と言って、教会の集まりを祝しておられますが、同時に「シャローム」と言って、教会をこの世に派遣しておられます。この教会の集まりを祝す「シャローム」と、教会を世に派遣する「シャローム」とは一つなのです。

ヨナは、はたして主の前から逃れることができたでしょうか。

詩編一三九編七節以下に、「どこに行けば、あなたの霊から離れることができよう。どこに逃れれば、御顔を避けることができよう。天に登ろうとも、あなたはそこにいまし、陰府に身を横たえようとも、見よ、あなたはそこにいます。曙の翼を駆って海のかなたに行き着こうとも、あなたはそこにもいまし、御手をもってわたしを導き、右の御手をもってわたしをとらえてくださる」とあります。ヨナは主から逃れることができなかったのです。

ヨナ書一章四―六節　（主が大風を海に放たれた）

主は大風を海に向かって放たれたので、海は大荒れとなり、船は今にも砕けんばかりとなった。船乗りたちは恐怖に陥り、それぞれ自分の神に助けを求めて叫びをあげ、積み荷を海に投げ捨て、船を少しでも軽くしょうとした。しかし、ヨナは船底に下りて横になり、ぐっすりと寝込んでいた。船長はヨナのところに来て言った。「寝ているとは何事か。さあ、起きてあなたの神を呼べ。神が気づいて、助けてくれるかもしれない。」

四節に「主は大風を海に向かって放たれた」とあります。なぜ、主はそのような突然の大風を海に向かって放たれたのでしょうか。

「大風」はすべての人を巻きこむ天地異変であり、大災害をもたらす大嵐でした。その大嵐によって、「海は大荒れとなり、船は今にも砕けんばかりになった」のです。ヨナは主の召しから逃れ、遠きタルシシュ行きの船に乗っていました。しかし、主が海に放たれた大風は、ヨナの乗った船を捕らえ、彼は主から逃れることができませんでした。

五節に、「船乗りたちは恐怖に陥り、それぞれの自分の神に助けを求めて叫びをあげ、積み荷を海に投げ捨て、船を少しでも軽くしようとした」とあります。

船乗りたちは皆、船を操るベテランでした。しかし、彼らはこの大嵐に直面してすっかり驚きあわて、恐怖の叫び声をあげました。彼らは皆、異教徒たちでしたが、それぞれの神々に助けを求めて真剣に祈ったのです。

また、この船乗りたちは船を少しでも軽くしようとして積み荷を海に投げ捨て、心を一つにして船を守ろうと努力したのです。

使徒言行録二七章一八節に、「しかし、ひどい暴風に悩まされたので、翌日には人々は積み荷を海に捨て始め、三日目には自分たちの手で船具を投げ捨ててしまった」とあります。

パウロは囚人としてローマに護送される船の中にいました。彼らは、幾日もの間、太陽も星も見えず、暴風が激しく吹きすさぶので、ついに助かる望みは全く消えうせようとしていました。そのとき、彼らは積み荷を海に投げ捨てただけでなく、船具までも投げ捨てたとあります。船具は船の進行に欠かせない大切な道具でしたので、その船具までも投げ捨てたことは、彼らに難破の死の危険が迫っていたことを示しています。

ここで異邦人たちへの非難や軽蔑の言葉はありません。むしろ異邦人たちがそれぞれの神々に祈り、心を一つにして船を守ろうと必死に努力している姿に、ヨナ書の著者は尊敬と敬愛の念を抱いております。


ところが、ヨナはそのとき船底に降りて、平然と横になって熟睡していました。海が大荒れになり、異邦人たちがそれぞれの神々に懸命に祈り、心を一つにして船を救おうと努力しているとき、ヨナは船底で平然と熟睡していたのです。それはヨナの不信仰の眠りであり、偽りの眠りでした。

マルコによる福音書四章三八節には、「しかし、イエスは艫の方で枕をして眠っておられた。弟子たちはイエスを起こして、『先生、わたしたちがおぼれてもかまわないのですか』と言った」とあります。

彼らが舟に乗ってガリラヤ湖を渡ろうとしていたとき、突然の激しい突風が起こり、舟は波をかぶって、水浸しになるほどでした。弟子たちは皆、舟のベテランでしたが、その突然の大嵐に恐れをなし、おぼれ死んでしまうのではないかと恐怖に陥ったのです。しかし、その時、主イエスは艫のほうで枕をして静かに眠っておられたのです。

この主イエスの眠りは、決して不信仰の眠りでも、偽りの眠りでもありません。その大嵐にも少しも驚きあわてず、ただ神に信頼して静かに眠っておられたのです。それは神に対する信頼の眠りであり、確信の眠りでありました。

ヨナ書1章4－6節

ヨナは異邦人たちと一緒にタルシシュ行きの船に乗っていました。ヨナは異邦人たちと同船の者だったのです。

教会もキリスト者も世界の人々から孤立しておりません。他の異邦人たちと共に同じ船に乗っている同船の者です。キリスト者もその異邦人たちの守りや親切に助けられて生活しております。この異邦人たちの守りや親切がなければ、わたしたちは毎日平穏に生活することはできません。

ヨナが神に不従順であったことは、他の異邦人たちにも大きな影響を与えました。彼らを巻き込む大嵐の原因はヨナにあったのです。この大嵐は、主の前から遠くに逃れようとしていたヨナを厳しく裁き、審判するためであり、また、そのヨナを捕らえてもう一度主の前に引き戻すためでもあったのです。

放蕩息子は飢饉にあったとき、はじめて我に返り、悔い改めて「お父さん、わたしは天に対しても、またお父さんに対しても罪を犯しました。もう息子と呼ばれる資格はありません」と言っております。

飢饉は放蕩息子に対する神の厳しい審判でしたが、また同時に、彼を悔い改めへと導く機会でもあったのです。

ところがその時、船長は船底で平然と眠っているヨナを見つけて、激しく憤りました。ヨナに向かって、「眠っているとは何事か。さあ、起きてあなたの神を呼べ。神が気づいて助けてくれるかもしれない」と言って叱りました。

この船長も異邦人でした。この船長の怒りはヨナに向けられているだけでなく、今日の教会にも向けられています。

教会がただ自分たちの魂の救いと、人々を教会に招いて大きくするためだけに懸命になって、世界の救いのための責任を放棄していたからです。それは教会の怠惰であり、責任放棄の罪でした。

船長はヨナの信じている神について何も知りません。他の異邦人たちと同じ一人の偶像崇拝者と思っていたのでしょう。そしてヨナに向かって、「起きて、あなたの信じる神に祈れ」と厳しく警告しています。そうすれば、「神が気づいて助けてくれるかもしれない」と言っております。

祈りは、必ずしも神に聞かれるとは限りません。しかし、神がその祈りに気がついて、あるいは助けてくれるかもしれません。この船長は人間の思いを超えた神の御心の自由を知っています。その御心の自由を、わたしたちが勝手に制限することはできません。

主イエスもゲッセマネの園で、「わたしの願いではなく、御心が行われますように」と祈っておられます。十字架の死において、御自分の願いが実現するのではなく、何よりも神の御心が実現することを願っておられます。

ここに船長のヨナに対する叱責があり、また今日の教会に対する叱責があります。教会が異邦人たちから厳しく叱責されたのであります。わたしたちはその異邦人たちからの厳しい叱責に、謙遜に耳を傾けなければなりません。神は異邦人たちを用いてさえも、教会を正し、導かれることがあるのです。

イザヤ書四五章一節に「主が油を注がれた人キュロスについて、主はこう言われる。わたしは彼の右の手を固く取り、国々を彼に従わせ、王たちの武装を解かせる。扉は彼の前に開かれ、どの城門も閉ざされることはない」とあります。

このペルシア王キュロスも異邦人でした。しかし、神はこの異邦人キュロスに油を注いで、イスラエルの民をバビロン捕囚から解放されるために用いられたのです。

ヨナ書一章七—一〇節　（海と陸の創造者）

さて、人々は互いに言った。「さあ、くじを引こう。誰のせいで、我々にこの災難がふりかかったのか、はっきりさせよう。」そこで、くじを引くとヨナに当たった。人々は彼に詰め寄って、「さあ、話してくれ。この災難が我々にふりかかったのは、誰のせいか。あなたは何の仕事で行くのか。どこから来たのか。国はどこで、どの民族の出身なのか」と言った。ヨナは彼らに言った。「わたしはヘブライ人だ。海と陸とを創造された天の神、主を畏れる者だ。」人々は非常に恐れ、ヨナに言った。「なんという事をしたのだ。」人々はヨナが、主の前から逃げてきたことを知った。彼が白状したからである。

海は暴風によって荒れ狂い、船は今にも砕けて沈没しそうになりました。船乗りたちはそれぞれの神々に向かって祈り、心を一つにして大切な積荷を海に投げ捨て、懸命に船を少しでも軽くしようと努力しました。しかし、大嵐はいっこうに静まるどころか、ますます荒れ狂っていました。

そこで船乗りたちは、「さあ、くじを引こう。誰のせいで、我々にこの災難が降りかかって来たのか、はっきりさせよう」と言いました。

つまり、彼らは、誰かの罪のせいで神の怒りを招き、この大嵐の災害が起こり、いっこうに静まらないのだと考えたのです。

自然災害は度々この地球上を襲ってきます。なぜ神はこの自然災害をもって多数の生命を奪い、苦しませるのでしょうか。

創世記六章五―六節を見ますと、「主は、地上に人の悪が増し、常に悪いことばかりを心に思い計っているのをご覧になって、地上に人を造ったことを後悔し、心を痛められた」とあります。

神が洪水をもって人類を滅ぼそうとされたのは、人類が神の前に大いに堕落し、全地が不法に満ちていたからです。

しかし、八章二一節で、神は「人が心に思うことは、幼いときから悪いのだ。わたしは、この度したように生き物をことごとく打つことは、二度とすまい」と誓い、二度と洪水をもって人類を滅ぼそうとはされませんでした。
しかし、今日も度々災害が起こり、人々を苦しめます。それは自分の力を過信している人類に対する神の警告でありました。

船乗りたちは皆、異邦人でした。彼らは海が暴風によって荒れ狂っているのは、誰かが神の怒りを招いたからであると考えて、「くじを引いて」、その犯人捜しをしたのです。「くじを引く」ことは、いかにも原始的に見えます。しかし、くじは神の御心を知るための人間の一つの手段でした。

使徒言行録一章二一節以下にも、ユダの裏切りによって欠員となった使徒を補充するために、くじを引いたとあります。しかし、彼らは「祈って」くじを引いています。それによって神の御心を探ろうとしたのです。そのくじはマッテヤに当たり、彼が神の御心によって使徒の一人に選ばれたのです。

教会の選挙もそうです。それは単なる人気投票ではなく、何よりも神の御心の表れを祈って投票します。教会はその選ばれた人を、そこに神の選びがあると信じて受け入れます。

さて、くじはヨナに当たりました。船乗りたちはヨナに詰め寄って、「さあ、話してくれ。この災難が我々にふりかかったのは、誰のせいか。あなたは何の仕事で行くのか。どこから来たのか。国はどこで、どの民族の出身なのか」と問うております。

船乗りたちは、ヨナに向かって、あなたの職業は何か、あなたの国はどこか、あなたはどの民族の出身か、あなたはどこから来てどこへ行こうとしているのか、と問うています。

そこでヨナは、わたしは「ヘブライ人だ。海と陸とを創造された天の神、主を畏れる者だ」と答えました。「ヘブライ人」とは、他の民族と区別したイスラエル人であることを表しています。ヨナは自分が神から愛され、選ばれたイスラエル人であり、「主の聖なる宝の民」の一員であると、はっきりと告白したのであります。

それだけではありません。彼はまた「わたしは海と陸とを創造された天の神、主を畏れる者だ」と言っております。

創世記一章一節には、「初めに、神は天地を創造された」とあります。神は天地万物の創造者なのです。ここで、その天地創造の中に、「海」がつけ加えられております。

ネヘミヤ記九章六節にも、神は「天と地と海」の創造者であるとあります。すなわち、神は天と地を創造しただけでなく、また海をも創造し、支配しておられるのです。

詩編九五編五節にも「海も主のもの、それを造られたのは主。陸もまた、御手によって形づくられた」とあります。

ヨナがここで「海と陸の創造者」と言ったのは、神が暴風によって荒れ狂っている「海」の創造者であることを表しています。どんなに荒れ狂っている海の大嵐も、神が創造し、治め、支配しておられるのです。

しかし、神は「海」だけでなく、「陸」をも創造しておられます。「陸」は決して確固不動のものではありません。

日本は地震国であります。地下にはマグマが走り、大きな地核変動を起こす活断層が走っております。いつ大地震が起こり、陸地を激しく揺り動かして、わたしたちの生命を危険に陥れるかわかりません。

ヨナはこの「海と陸の創造者」である神の御手から逃れることはできなかったのです。

この信仰告白は異邦人たちの前での告白でした。教会の礼拝の中で、同じ信仰をもつ会衆の前で信仰告白をすることは大切なことです。しかし、ヨナは大嵐の船の中で、異邦人たちの前で信仰告白したのです。

マタイによる福音書一〇章三二節に、「だれでも人々の前で自分をわたしの仲間であると言い表す者は、わたしも天の父の前で、その人をわたしの仲間であると言い表す」とあります。わたしたちも、時には世の人々の前で信仰告白することが求められます。その時、わたしたちは、大胆に恐れることなく信仰告白したいものです。

ところで、ヨナはここで世の人々の前で信仰告白しているだけではありません。彼はその主から逃れて、背いた不従順な罪人であることを、世の人々の前に正直に白状しています。ルカによる福音書五章八節で、ペトロは「主よ、わたしから離れてください。わたしは罪深い者なのです」と言っています。

わたしたちが信仰告白をするとき、同時に自分が主から逃れた不従順な罪人であることを白状しなければなりません。

キリスト者であるわたしたちが、まず罪を犯したから、大嵐の災いが世の人々にも襲ってきたのです。教会はこの大嵐の災いの責任から逃れることはできません。人々の前で罪の告白をすることなしに、人々を真に悔い改めへと導くことはできません。

ヨナ書一章一一－一六節

（わたしを海に投げ込みなさい）

彼らはヨナに言った。「あなたをどうしたら、海が静まるのだろうか。」海は荒れる一方だった。ヨナは彼らに言った。「わたしの手足を捕らえて海にほうり込むがよい。そうすれば、海は穏やかになる。わたしのせいで、この大嵐があなたたちを見舞ったことは、わたしが知っている。」乗組員は船を漕いで陸に戻そうとしたが、できなかった。海がますます荒れて、襲いかかってきたからである。ついに、彼らは主に向かって叫んだ。「ああ、主よ、この男の命のゆえに、滅ぼさないでください。無実の者を殺したといって責めないでください。主よ、すべてはあなたの御心のままなのですから。」彼らがヨナの手足を捕らえて海にほうり込むと、荒れ狂っていた海は静まった。人々は大いに主を畏れ、いけにえをささげ、誓いを立てた。

船乗りたちは、この大嵐の原因がヨナの不従順の罪にあることを知りました。ヨナの白状によって、彼が主の前から逃げて来たことを知ったからです。

そこで船乗りたちは、ヨナに向かって、「なんという事をしたのか」と言って責め、「あなたをどうしたら、海が静まるだろうか」と問いました。彼らは異邦人たちでしたが、ヨナが神から逃れてきた不従順な罪人であることを知り、大いに神を恐れたのです。

するとヨナは、「わたしの手足を捕えて、海に放り込むがよい。そうすれば海は穏やかになる。わたしのせいでこの大嵐があなたたちを見舞ったことは、わたしが知っている」と答えました。

ヨナは素直に自分の不従順の罪を認め、自分を海に投げ込んでくれ、と言いました。彼は自分を犠牲として献げることを申し出たのです。これは非常に高潔で勇気のある提案にみえます。確かに不誠実な人間でしたら、自分の罪の責任を引き受けずに、最後まで言い訳をしたことでしょう。

ここでヨナは自分の罪と真に向き合ったのです。彼は自分の不従順の罪のゆえに、自分は死んでもよいと考えております。主の召しから逃れた者は、もはや生きるに値しないことを知っています。ヨナの不従順は彼の死への入り口でした。

彼の申し出では、非常に高潔で勇気のある提案にみえますが、それは必ずしも真の悔い改めではなく、悲壮な自己否定であり、自己犠牲だったのです。

しかし、船乗りたちはヨナを海に投げ込むことに躊躇しました。むしろ、彼らは自分たちの力で船を漕ぎ、何とか陸地に近づけ、ヨナを助けようと努めています。しかし、その努力は失敗に終わりました。大嵐はますます荒れ狂う一方だったからです。この海の荒れ狂う原因となっているヨナを抜きにして、大嵐を静め、船の沈没をふせぎ、自分たちの生命を救うことは不可能である、と船乗りたちは悟ったのです。

船乗りたちは決して極悪非道な人間ではありませんでした。異教の神々を信じている彼らであっても、ヨナの生命を重んじ、何とか助けようと努力しております。彼らは良心的で善意に満ち、神々を恐れ、人間の生命をどこまでも大切にする人たちでした。しかし、人間的にいかに優れた品位と誠実さをもっていても、それだけでは大嵐の危険を避けることはできません。彼らの必死の努力にもかかわらず、海はますます荒れ狂って、激しく襲いかかってきました。彼らの力ではその荒れ狂う大嵐を静めることはできなかったのです。ついに彼らはヨナを海に投げ込むよりほかはないと決心しました。

そこで、彼らは主に向かって、「ああ、主よ。この男の命のゆえに、滅ぼさないでください。無実の者を殺したと言って責めないでください。主よ、すべてはあなたの御心のままなのですから」と叫んでおります。

彼らはここで、「主よ」と二度叫んでいます。「主よ」とは、彼らの信ずる異教の神々に対する呼びかけではありません。そうではなく、ヨナの信じる神に対する呼びかけの言葉でした。なぜ異教の神々を信じる彼らの心に、そのような、ヨナの神を「主よ」と叫ぶ信仰の変化が起こったのでしょうか。

それは彼らが主から逃れてきたヨナの不従順の罪のゆえに、この大嵐が自分たちを死の危機に陥れていることを知ったからです。そこに生きて働く神の審判を恐れる、彼らの信仰が芽生えたのであります。

真の信仰告白は、必ず自分自身の罪の告白を伴います。罪の告白を伴わない信仰告白は、真の信仰告白とは言えません。

しかし、船乗りたちは、ヨナに死の犠牲を強いることが、ただちに自分たちの罪になり、無実の人の命を軽んじることになりはしないかと恐れております。しかし、海はますます荒れ狂う一方でした。そこで彼らはついに「すべては御心のままですから」と祈って、ヨナの申し出を受け入れ、彼を海に投げ込みました。

「すべては御心のままに」とは、そこに、すべてのことに神の御心が支配していることを知って、その御心にどこまでも服従する信仰を表しております。するとあれだけ荒れ狂っていた大嵐は静まり、彼らは助けられました。

こうして神を知らない異邦人たちが、ヨナの不従順の罪の告白を通して真の生ける神を知り、犠牲のいけにえを献げて、神を礼拝する者となったのであります。

ヨナ書二章一－三節　（祈るヨナ）

さて、主は巨大な魚に命じて、ヨナを呑み込ませられた。ヨナは三日三晩魚の腹の中にいた。ヨナは魚の腹の中から自分の神、主に祈りをささげて、言った。苦難の中で、わたしが叫ぶと、主は答えてくださった。陰府の底から、助けを求めると、わたしの声を聞いてくださった。

ヨナは深い海の底に投げ込まれました。「主は巨大な魚に命じて、ヨナを呑み込ませられた」のです。この「巨大な魚」は、何をさすのでしょうか。三節に、「苦難の中で、わたしが叫ぶと、主は答えてくださった。陰府の底から、助けを求めると、わたしの声を聞いてくださった」とあります。つまり、「巨大な魚に呑み込まれる」とは、「苦難の中」に呑み込まれ、「陰府の底」に沈むことを意味しております。

苦難の中に呑み込まれることは、大変厳しいことです。それは厳しい圧迫の中にあって、出口のない狭い窮屈な場所に閉じ込められることであります。また陰府の底に沈むとは、暗い不気味な死が迫る場所に呑み込まれて、絶望のどん底に沈むことであります。これは神の厳しい裁きであり、審判でありました。

しかし、ヨナが「巨大な魚に呑み込まれた」ことは、ただ神の厳しい裁きや審判を意味するだけではありません。それはまた、恐ろしい苦難に呑み込まれ、暗い不気味な陰府の底に沈んで、その絶望の死のどん底にあったとき、神はその巨大な魚をもって、ヨナを不思議に支え、助けてくださったことを意味していました。

それは神の裁きであると同時に、また神の不思議な助けでもあったのです。

ヨナは巨大な魚に呑み込まれて、「三日三晩魚の腹の中にいた」とあります。「三日三晩」とは、文字どおりの三日三晩をさしているのではありません。それは相当長い期間、魚の腹の中にいたことをさしています。つまり、ヨナは深い海の底に投げ込まれて、長い間苦難を経験し、暗い不気味な陰府の底を味わい尽くしたのです。しかし、その長い絶望的な苦しみの中にあって、神はその巨大な魚をもって、不思議にヨナを支え、助けられたのです。

マタイによる福音書一二章三九―四〇節に、「ヨナが三日三晩、大魚の腹の中にいたように、人の子も三日三晩、大地の中にいることになる」とあります。

それはヨナが三日三晩深い海の底から、神の奇跡的な助けによって陸の上に吹きあげられたことをさしています。それは同時に、主イエス・キリストが三日三晩、陰府の死の底から復活されたことをさしております。

ヨナの三日三晩の苦しみからの解放は、主イエス・キリストの死からの復活をさし示す「しるし」だったのです。

ところで、ヨナはその巨大な魚の腹の中ではじめて「祈った」とあります。船長から「さあ、起きてあなたの神に祈れ」と警告されたときには、ヨナはすぐには起きて祈っておりません。

確かに、ヨナは異邦人の人々の前で、わたしは「海と陸を創造された」神を畏れると真摯に信仰告白しておりますが、彼はそのとき神の前にひれ伏して、心から祈っておりません。

またヨナは異邦人の人々の前で、自分の不従順の罪を正直に白状しておりますが、そのときも、彼は神の前にひれ伏して、心から祈っておりません。
しかし、この深い海の底に投げ込まれ、大きな苦難を経験し、暗い陰府の底に沈んだとき、ヨナは巨大な魚の腹の中から、はじめて神の前にひれ伏し、心から助けを求めて、叫び、祈っています。

マルコによる福音書一〇章四七節以下にある、盲人バルテマイがナザレのイエスに向かって、「ダビデの子イエスよ、わたしを憐れんでください」と叫んだとあります。周りにいる人々はその声に驚いて、彼を黙らせようと叱りつけたのですが、彼はなりふりかまわず叫び続けたのです。そのように主イエスに向かっての「叫び」は、祈りなのです。

詩編一八編六―七節に、「陰府の縄がめぐり、死の網が仕掛けられている。苦難の中から主を呼び求め、わたしの神に向かって叫ぶと、その声は神殿に響き、叫びは御前に至り、御耳に届く」とあります。ここにも、神に向かっての叫びは、祈りと言われております。確かによく整った祈りに、わたしたちは教えられますが、わたしたちが危機に陥ったときの祈りは、叫びとなります。

ヨナ書2章1―3節

神は魚の腹の中からはじめてささげたヨナの叫びの祈りを、聞いてくださったのです。「苦難の中で叫ぶと、主は答えてくださった」のです。また「陰府の底から、助けを求めると、わたしの声を聞いてくださった」のです。

詩編八六編六節以下にも、「主よ、わたしの祈りをお聞きください。嘆き祈るわたしの声に耳を向けてください。苦難の襲うときわたしが呼び求めれば、あなたは必ず答えてくださるでしょう」とあります。

エレミヤ書二九章一二節にも、「そのとき、あなたたちがわたしを呼び、来てわたしを祈り求めるならば、わたしは聞く」とあります。七十年に及ぶ長いバビロン捕囚の苦難の中にあって、イスラエルの真摯の祈りは聞かれるのです。

ヨナ書二章四—七ａ節　（深い海の底に沈んで）

あなたは、わたしを深い海に投げ込まれた。潮の流れがわたしを巻き込み、波また波がわたしの上を越えて行く。わたしは思った、あなたの御前から追放されたのだと。生きて再び聖なる神殿を見ることがあろうかと。大水がわたしを襲って喉に達する。深遠に呑み込まれ、水草が頭に絡みつく。わたしは山々の基まで、地の底まで沈み、地はわたしの上に永久に扉を閉ざす。

四節に、「あなたは、わたしを深い海に投げこまれた」とあります。「あなた」とは、主御自身をさしております。つまり、主ご自身がヨナを深い海の底に投げ込まれたのです。それは主の恐ろしい刑罰でした。

五節にも、「わたしは思った、あなたの御前から追放されたのだと」とあります。つまり、主ご自身がヨナを御前から「追放された」のです。ヨナは主の御前から追放されて、もはや主を目の前に見ることができません。主の前から遠ざけられ、主との関係が失われたのです。そこにはもはや全く希望を失われた絶望しかありません。

そして、「生きて再び聖なる神殿を見ることがあろうかと」と言っています。聖なる神殿とは、エルサレム神殿をさしております。ヨナはその神殿からはるかに遠い海の底にありました。ヨナはその神殿を身近に見ることができなくなったのです。

詩編四二編五節に、「わたしは魂を注ぎ出し、思い起こす、喜び歌い感謝をささげる声の中を、祭りに集う人の群れと共に進み、神の家に入り、ひれ伏したことを」とあります。ヨナもイスラエルの民の一員として、かつてはエルサレムの神殿に人々と共に入り、喜び歌い、感謝をささげたでしょう。しかし、今やはるか遠い海の底に投げ落とされ、もはや聖なる神殿を身近に見て、人々と共に喜び、歌い、感謝して、主を親しく崇め、礼拝することが不可能になってしまったのです。

ところで、ヨナが投げ込まれた深い海の底とは、一体どのようなところでしょうか。

四節を見ますと、「潮の流れがわたしを巻き込み、波また波がわたしの上を越えて行く」とあります。この「潮の流れ」、「波また波」は、ヨナを次々と襲い、巻き込んだ、激しい苦難の数々をさしております。

詩編四二編八節には、「あなたの注ぐ激流のとどろきにこたえて、深淵は深淵に呼ばわり、砕け散るあなたの波はわたしを越えて行く」とあります。そこは主が注がれる「激流の轟き」が聞こえてきて、「深淵は深淵に呼ばわる」、深い不気味な死を思わせる所でした。

また「砕け散るあなたの波はわたしを超えて行く」とあります。大きな耐え難い苦難が、次々とヨナを襲ってきたのです。

六節には、「大水がわたしを襲って喉に達する。深淵に呑み込まれ、水草が頭に絡みつく」とあります。

「大水」とは、人間を生かす水ではなく、死に至らせる水をさしています。恐ろしい死の危険が頭に絡みつき、ヨナはもはやそこから逃れることができません。

詩編六九編二―三節に、「神よ、わたしを救ってください。大水が喉元に達しました。わたしは深い沼にはまり込み、足がかりもありません。大水の深い底にまで沈み、奔流がわたしを押し流します」とあります。

また七節には、「わたしは山々の基まで、地の底まで沈み、地はわたしの上に永久に扉を閉ざす」と言っております。

山々の基は地の底にあり、深い海の底にあります。ヨナは深い海の底に沈んで、地が永久に扉を閉ざし、そこから抜け出ることができなくなっていたのです。

イスラエルの民は、北イスラエルがアッシリアによって滅ぼされ、南ユダがバビロンによって滅ぼされて、亡国の民となったのです。

エレミヤ書三一章一五節に、「主はこう言われる。ラマで声が聞こえる、苦悩に満ちて嘆き、泣く声が。ラケルが息子たちのゆえに泣いている。彼女は慰めを拒む、息子たちはもういないのだから」と言っております。

また詩編一三七編一節以下に、「バビロンの流れのほとりに座り、シオンを思って、わたしたちは泣いた。竪琴は、ほとりの柳の木々に掛けた。わたしたちを捕囚にした民が、歌をうたえと言うから、わたしたちを嘲る民が、楽しもうとして、『歌って聞かせよ、シオンの歌を』と言うから。どうして歌うことができようか。主のための歌を、異教の地で」とあります。

こうして、イスラエルの民は遠いバビロンに捕囚として連れ去られました。今や、イスラエルの民は、バビロン捕囚によって、大きな苦難に縛られて、深い嘆きと望郷の念を強くしております。

エレミヤ書一章一〇節に、「見よ、今日、あなたに、諸国民、諸王国に対する権威をゆだねる。抜き、壊し、滅ぼし、破壊し、あるいは建て、植えるために」とあります。正に、イスラエルの民は、バビロン捕囚によって亡国の民となり、「抜き、壊し、滅ぼし、破壊」されてしまったのです。

エルサレム神殿は焼き払われ、主だった人々は遠きバビロンの地に捕囚として連れ去られて行ったのです。イスラエルの民にとって、これは正に絶望的な嘆き、悲しみでありました。どこに彼らの救いの望みがあったのでしょうか。

ヨナ書二章七b―一一節　（しかし、わが神、主よ）

しかし、わが神、主よ、あなたは命を、滅びの穴から引き上げてくださった。息絶えようとするとき、わたしは主の御名を唱えた。わたしの祈りがあなたに届き、聖なる神殿に達した。偽りの神々に従うものたちが、忠節を捨て去ろうとも、わたしは感謝の声をあげ、いけにえをささげて、誓ったことを果たそう。救いは、主にこそある。主が命じられると、魚はヨナを陸地に吐き出した。

「しかし、わが神、主よ」と、ヨナは呼びかけています。「わが神、主よ」とは、「わたしの神、わたしの主よ」という一種の信仰告白の呼びかけです。
ヨハネによる福音書二〇章二八節で、トマスも、主イエスに対して「わたしの主、わたしの神よ」と信仰告白しています。

それはトマスが自分の目や手で復活の主イエスの御臨在を確かめたからではありません。そうではなく、復活の主イエスのほうからトマスにご自分を親しく現してくださったから、「わたしの主、わたしの神よ」と信仰告白することができたのです。

また、マタイによる福音書一六章一六－一七節で、ペトロが「あなたはメシア、生ける神の子です」と信仰告白したとき、主イエスはそのペトロに向かって、「シモン・バルヨナ、あなたは幸いだ。あなたにこのことを現したのは、人間ではなく、わたしの天の父なのだ」と言っておられます。

正にペトロの信仰告白は、天の父の恵みの奇跡でありました。

ヨナもここで「しかし、わが神、主よ」と、信仰告白をもって呼びかけることができたのも、神の恵みの奇跡だったのです。

ヨナはそのとき、巨大な魚に呑み込まれ、深い海の底に投げ込まれて、大きな苦難にあい、陰府の底に沈んでおりました。また、彼は深い海の底に縛り付けられて、永久に扉を閉ざす危機的状況に置かれていたのです。

その危機的状況にあって、ヨナは主に向かって、「しかし、わが神、主よ」と呼びかけております。その呼びかけは、正に、危機的状況にあったヨナの信仰告白の必死の叫びでありました。

「しかし」とは、ヨナがその陰府の底に縛られていた時に、主に向かって叫んで祈り、主がそのヨナの祈りを聞いてくださることを表しています。そこに主の大いなる「しかし」の希望があったのです。

コリントの信徒の手紙二の四章八節で、パウロは「わたしたちは、四方から苦しめられても行き詰まらず、途方に暮れても失望せず、虐げられても見捨てられず、打ち倒されても滅ぼされない」と言っております。

パウロはそのとき、「四方から苦しめられ」「途方に暮れ」「虐げられ」「打ち倒されて」いる深刻な危機的状況に置かれていました。

しかし、それにもかかわらず、パウロは「行き詰まらず」「失望せず」「見捨てられず」「滅ぼされない」という希望があったことを表しております。パウロにはそのような危機的逆境にあっても、主の大いなる「しかし」の希望があり、「それにもかかわらず」の希望があったのです。

ヨナも、深い陰府の底に投げ込まれて、深刻な危機的状況にあったとき、神の奇跡的な備えによって、巨大な魚の腹の中から、主に向かって「しかし、わが神、主よ」と呼びかけ、祈ることがゆるされたのです。そこに大いなる「しかし」の希望があり、「それにもかかわらず」の希望があったのです。

それゆえ、ヨナはこの主に向かって、「あなたは命を、滅びの穴から引きあげてくださった」と言っております。「滅びの穴」とは、死の迫る不気味な穴をさしています。ヨナはその不従順の罪のゆえに、滅びの穴に投げ込まれていたのです。しかし、主はその「滅びの穴から」、彼を引きあげてくださったのです。

また「息絶えようとするとき、わたしは主の御名を唱えた。わたしの祈りがあなたに届き、聖なる神殿に達した」とあります。

それは激しい苦難の中にあって、まさに「息絶えようと」していたとき、ヨナが主の御名を唱え、祈りをささげました。すると、主はその祈りを聞き届けてくださったのです。

またヨナは、「わたしの祈りがあなたに届き、聖なる神殿に達した」と言っております。エルサレムの神殿は、ヨナからはるかに遠い所にありました。ヨナはその神殿からはるかに遠い深い海の底にいたのです。しかし、その深い海の底で、神が備えてくださった巨大な魚の腹の中から、ヨナが叫んで祈るとき、その声は主に届き、その聖なる神殿に達したのであります。

主は単にエルサレムの神殿にだけに御臨在されるのではありません。その暴風が荒れ狂う船の中にも、深い海の底にも主は御臨在しておられます。

主イエス・キリストも、ヨハネによる福音書四章二三節で、「しかし、まことの礼拝をする者たちが、霊と真理をもって父を礼拝する時が来る。今がその時である」と言っておられます。

エルサレムの神殿だけでなく、世界のどこにあっても、まことの礼拝者たちが、霊と真理をもって父を礼拝する時が来る、今がその時であると言っておられます。

列王記上八章二七節で、ソロモンは「神は果たして地上にお住まいになるでしょうか。天も、天の天もあなたをお納めすることができません。わたしが建てたこの神殿など、なおふさわしくありません」と祈っています。

神は単にエルサレムの神殿にだけ御臨在されるのではありません。それを超えて、どこにあっても、主はご臨在されます。たとえ、世界のどこにあっても、主はご臨在され、礼拝することができます。

それゆえ、ヨナは「偽りの神々に従う者たちが、忠節を捨て去ろうとも、わたしは感謝の声をあげ、いけにえをささげて、誓ったことを果たそう」と言っております。

「偽りの神々に従う者たち」とは、偶像崇拝者たちをさしております。その偶像崇拝者たちが、主に対する忠節を捨て去り、偽りの神々を拝もうとも、わたしは感謝をささげて、いけにえをささげて、誓ったことを果たそうと、ヨナは言っております。

「いけにえをささげる」とは、必ずしも神殿において動物の犠牲をささげることではありません。それは詩編五〇編一四節にあるように、「告白を神へのいけにえ」としてささげることであります。また詩編一一六編一七節にも「感謝のいけにえ」をささげるとあります。

また新約聖書では、ヘブライ人への手紙一三章一五節にも、「賛美のいけにえ」をささげ、「御名をたたえる唇の実を」ささげると記されております。

ヨナは、こうしてエルサレム神殿からはるかに遠い深い海の底で、偽りの神々に従うものたちが、主に対する忠節を捨て去り、偶像の神々を崇拝しても、神に告白のいけにえをささげ、感謝のいけにえをささげて、神を礼拝しています。

それは神殿において動物の犠牲をささげるのではなく、霊のいけにえをささげて、神を礼拝したのです。救いは主にこそあり、望みは主にこそあるからです。

こうして主は、魚に命じて「ヨナを陸地に吐き出」させて、救い出されたのです。

ヨナ書三章一－四節　（ヨナの再出発）

主の言葉が再びヨナに臨んだ。「さあ、大いなる都ニネベに行って、わたしがお前に語る言葉を告げよ。」ヨナは主の命令どおり、直ちにニネベに行った。ニネベは非常に大きな都で、一回りするのに三日かかった。ヨナはまず都に入り、一日分の距離を歩きながら叫び、そして言った。「あと四十日すれば、ニネベの都は滅びる。」

「主の言葉が再びヨナに臨んだ」とあります。主の言葉が、再びヨナに臨み、語り掛け、召したのです。「さあ、大いなる都ニネベに行って、わたしがお前に語る言葉を告げよ」。これはヨナの再出発の命令であります。ヨナは再び、「立って」ニネベに行って宣教せよと命令されたのです。

最初にヨナが召されたとき、「立って」大いなる都ニネベに出て行って、主の呼びかけを告げよとの命令を受けました。それにもかかわらず、ヨナはその派遣命令に従順に応えることなく、黙ってタルシシュに向かって逃れたのです。

しかし、主が大風を海に放たれたので、ヨナは捕らえられて、深い海の底に投げ落とされました。その深い海の底で、ヨナは大きな苦しみにあい、はじめて祈っております。主は彼を深く憐れみ、陸に吹き上げられて、奇跡的に救い出されたのです。

ヨナは一度死んでいたのに、再び生き返ったのです。

そしてヨナは再び召されて、「立って」大いなる都ニネベに行って、宣教しなさいと遣わされました。ヨナは、今度はその召しに従い、「立って」主の派遣に従順に応答して出て行きました。

ところで、ヨナの最初の命令には、「彼らの悪がわたしの前に届いている」という言葉がありました。しかし、今度の召しには、それに代わって、「わたしがお前に語る言葉を告げよ」という言葉があります。今度の召しは、「立って」大いなる都ニネベに行って、「わたしがお前に語る言葉を告げよ」と命令されたのです。

エレミヤ書一章六節以下で、エレミヤは諸国民の預言者として派遣されたとき、「ああ、わが主なる神よ、わたしは語る言葉を知りません。わたしは若者にすぎませんから」と言っています。

しかし、主は「若者にすぎないと言ってはならない。わたしがあなたを、だれのところへ、遣わそうとも、行って、わたしが命じることをすべて語れ」と命じております。

牧師一人ひとりも、この死んでいたのに、生き返る苦い経験をしております。そして再生されて、新しい使命に遣わされています。教会は単に人々を招き、教会を大きくするためだけでなく、周りの町々や村々に遣わされて、主の言葉を語り告げる使命が与えられています。わたしたち一人ひとりも、「わたしがあなたを、だれのところへ遣わそうとも、行って、わたしが命じること」をことごとく語れ、と命令されているのであります。

さて、ニネベは非常に大きな都でした。一回りするのに三日かかったと言われています。ヨナはその大きな都に入り、一日分の距離を歩いて宣教したのであります。ヨナはニネベの大きな都の中心部にいきなり入って、御言葉を語ったのではなく、まずその周辺の小さな町々や村々を一日分巡り歩いて、人々に根気よく御言葉を伝えたのであります。それは大きな展望をもちながらも、まず足元の伝道に一歩一歩地道に取り組んでおります。その地味な伝道なくして、将来の展望は開かれていきません。

さて、ヨナはニネベの大きな都に入って一日路を歩き、その周辺の人々に「あと四十日すれば、ニネベの都は滅びる」と叫んで、御言葉を宣べ伝えました。それはニネベの都の人々に、「悔い改めよ。そうすれば救われる」と説いたのではありません。むしろ、異邦人の悪に満ちた都ニネベに入って、そこに神の裁きと審判が下ることを期待して、真剣にその「滅び」を説いております。

そこにヨナの限界がありました。ヨナは再生された後も、なおもイスラエルの選民意識に凝り固まっていたのです。イスラエルの民だけが神に愛され、選ばれた民であると固く信じて、異邦人である悪に満ちたニネベの都は、断固として滅ぼされるべきであると確信していたのであります。

確かに、わたしたちの宣教は、時には神から厳しく「滅び」を宣告することが求められます。しかし、その時もただ「滅び」を宣告するだけでなく、「悔い改めよ。そうすれば、救われる」と宣教することが求められております。

ニネベの人々は全人格的に方向転換をして、神の前に悔い改めて、立ち帰らなければ、その救いはありません。

マタイによる福音書三章八節以下に、バプテスマのヨハネは、「悔い改めにふさわしい実を結べ。『我々の父はアブラハムだ』などと思ってもみるな。言っておくが、神はこんな石からでも、アブラハムの子たちを造り出すことがおできになる」と言っております。

イスラエルの民は、肉的にアブラハムの子であることを誇っていますが、それだけで誇りになるのではありません。神はこんな石ころからでも、アブラハムの子を造り出すことがおできになるのです。大切なことは、心から悔い改めて、それにふさわしい実を結ぶことです。

わたしたちも、自分たちが神から愛され、選ばれた民であることを誇りにしていても、それだけで救われるのではありません。神の前にひれ伏し、心から悔い改めて、それに相応しい実を結ぶとき、神はわたしたちを救ってくださるのです。

ヨナ書三章五―一〇節　（ニネベの悔い改め）

すると、ニネベの人々は神を信じ、断食を呼びかけ、身分の高い者も低い者も身に粗布をまとった。このことがニネベの王に伝えられると、王は王座から立ち上がって王位を脱ぎ捨て、粗布をまとって灰の上に座し、王と大臣たちの名によって布告を出し、ニネベに断食を命じた。「人も家畜も、牛、羊に至るまで、何一つ食物を口にしてはならない。食べることも、水を飲むことも禁ずる。人も家畜も粗布をまとい、ひたすら神に祈願せよ。おのおの悪の道を離れ、その手から不法を捨てよ。そうすれば神が思い直されて激しい怒りを静め、我々は滅びを免れるかもしれない。」神は彼らの業、彼らが悪の道を離れたことを御覧になり、思い直され、宣告した災いをくだすのをやめられた。

ヨナの宣教に対するニネベの都の人々の応答は、思いがけず徹底しており、早かったのです。彼らは皆、ヨナの説教に強く心を打たれ、「神を信じた」とあります。他国の異邦人たちが「神を信じた」のです。そのような信仰の変化が、異邦人の彼らに起こったのです。それは驚くべきことでした。

そしてニネベの都の人々は皆、「断食を呼びかけ、身分の高い者も身分の低い者も、身に粗布をまとった」とあります。

「断食を呼びかける」とは、悲嘆に暮れること、また悲しみに沈むことを表しています。また「身に粗布をまとった」とは、死者をいたむ時、災害を悲しむ時、懺悔の時に、身に粗布をまとって深く悲しんだのです。

ニネベの都の人々は皆、ただ神を信じただけでなく、その真実であること示すために、断食を呼びかけ、身に粗布をまとって、悔い改めたのであります。

そのことは直ちにニネベの王に伝えられました。周辺の人々の信仰が、その中央の王に達したのです。ニネベの王は、その王座から立ち上がって王位を脱ぎ捨て、粗布をまとい、灰の上に座し、王と大臣の名によって布告を出しました。

「灰の上に座す」とは、罪を悲しみ、悔い改めたことを示しています。そのように王は、神の御前に心から罪を悔いて、断食をし、粗布をまとい、灰をかぶって祈りをささげたのです。

さて、その王と大臣の出した布告は、第一に「人も家畜も、牛、羊に至るまで、何一つ食物を口にしてはならない。食べることも、水を飲むことも禁ずる」ということでありました。人も家畜も皆、こぞって断食をせよ、と呼びかけております。

またこの布告は、「人も家畜も粗布をまとい、ひたすら神に祈願せよ」とあります。それは単なる形式的な悔い改めに満足することなく、国民は人も家畜も皆こぞって、粗布をまとって悔い改め、神の前にひれふして、「祈れ」と命じております。

またこの布告は、「おのおの悪の道を離れ、その手から不法を捨てよ」と命じています。すべての人間が、宗教的にも社会的にも悪の道を離れ、その手から不法を捨て、新しい生活をせよと命じております。

「そうすれば神が思い直されて激しい怒りを静め、我々は滅びを免れるかもしれない」のです。神は思い直されて、ニネベの都の人々に対する激しい怒りを静め、その滅びを免れさせてくださるに違いないのです。

ヨナの宣教は、立って異邦人の悪に満ちた都ニネベに出て行って、その都の「滅び」を宣告することにありました。それは異邦人の悪に満ちたニネベの都に対する神の激しい怒りを表しています。しかし、ニネベの都は、思いがけず人も家畜も含めて、全国民が総懺悔し、徹底的に悔い改めたのであります。

神はニネベの人々が全面的に悔い改めて、その悪を離れ、神の前にひれ伏して祈ったことを聞いて、その都を滅ぼすことを「思い直された」のであります。それはヨナの宣教にとって驚くべきことでありました。

ところで、このような劇的な悔い改めが、本当に悪に満ちた大きな都のニネベに起こったのでしょうか。

ヨナはイスラエルの民だけが神に愛され、選ばれた民であることを誇っていました。そして異邦人たちを差別して、彼らの滅びを固く信じておりました。

しかし、主の召しによって、ヨナが「立って」再びニネベに行って、御言葉を宣べ伝えたとき、ニネベの人々は、王も大臣も、身分の高い者も低い者の、家畜も皆こぞって、悔い改めたのであります。そのニネベの異邦人たちの悔い改めは、思いがけず徹底的であり、早かったのです。それは自分たちこそが神に愛され、選ばれた民であることを誇っていたイスラエルの民にとって、驚くべきことでした。それは預言者たちの警告に従わず、神の戒めに背き、何度も繰り返して不従順の罪を犯してきたイスラエルの民に対する、神の厳しい警告でもあったのです。

ルカによる福音書一一章三二節に、「また、ニネベの人々は裁きの時、今の時代の者たちと一緒に立ち上がり、彼らを罪に定めるであろう。ニネベの人々は、ヨナの説教を聞いて悔い改めたからである。ここに、ヨナにまさるものがある」とあります。

ニネベの都の徹底した悔い改めは、イスラエルの民のみならず、今日のわたしたちに対する神の厳しい警告でもありました。

あのヨナにまさる主イエス・キリストが、今ここにおられます。わたしたちも神の前にひれ伏して、徹底的に悔い改めることが求められております。

ヨナ書四章一―四節　（不満の祈り）

ヨナにとって、このことは大いに不満であり、彼は怒った。彼は、主に訴えた。「ああ、主よ、わたしがまだ国にいましたとき、言ったとおりではありませんか。だから、わたしは先にタルシシュに向かって逃げたのです。わたしには、こうなることが分かっていました。あなたは、恵みと憐れみの神であり、忍耐深く、慈しみに富み、災いをくだそうとしても思い直される方です。主よ、どうか今、わたしの命を取ってください。生きているよりも死ぬ方がましです。」主は言われた。「お前は怒るが、それは正しいことか。」

ヨナは主に対して「大いに不満」があり、激しく「怒った」とあります。それは主に対する「不満の祈り」であり、怒りの祈りでした。しかし、この「不満の祈り」は、前の祈りとは違います。前の祈りは、深い海の底で、魚の腹の中から叫んだ敬虔な祈りでした。しかし、今度の祈りは、主に対する不満を訴え、激しく怒って祈っております。なぜヨナは、このように主に対して不満を訴え、激しく怒って祈っているのでしょうか。

二節以下で、ヨナは「ああ、主よ、わたしがまだ国にいましたとき、言ったとおりではありませんか。だから、わたしは先にタルシシュに向かって逃げたのです。わたしには、こうなることが分かっていました。あなたは、恵みと憐れみの神であり、忍耐深く、慈しみに富み、災いをくだそうとしても思い直される方です」と言っております。

これは出エジプト記三四章六節以下において、モーセが言った「主、主、憐れみ深く恵みに富む神、忍耐強く、慈しみとまことに満ち、幾千代にも及ぶ慈しみを守り、罪と背きと過ちを赦す」からの引用であります。

ヨナはイスラエルの民の一員であり、このモーセの言葉を知っていました。しかし、彼は、主がイスラエルの民のみを愛し、選ばれた神であると堅く信じていましたが、異邦人の悪に満ちた都ニネベに対しても、神が憐れみ深く、恵みに富み、忍耐強く、慈しみとまことに満ちておられることには、心から納得していませんでした。

それゆえ、ヨナは最初に立ってニネベに出て行って、主の言葉を告げるように召しを受けたとき、その宣教命令から遠く離れ、タルシシュに向かって逃げたのであります。

このヨナの「不満の祈り」は、かつての彼の考えへの逆戻りでした。ヨナは、以前は海と陸を創造された神に対する敬虔な信仰告白をし、また、その神に背いた不従順の罪に対する自分の誤りを素直に認めました。そして、ヨナは神の奇跡的な恵みによって、深い海の底から陸に吐き出されたとき、再び「立って」異邦人の都ニネベに行って、御言葉を伝えなさいとの召しを受けました。今度はその派遣命令に従順に従ったのです。

しかし、悲劇的なことには、このときもヨナはかつての選民意識から逃れることができなかったことであります。それゆえ、ニネベの都が皆こぞって悔い改めたとき、彼は以前の頑な選民意識を捨てきれず、神への不満が祈りとなって表れたのです。

大嵐の時には、彼の創造者なる神に対する信仰が突然表れましたが、その暴風雨が去って静かになると、彼の信仰はたちまち衰え、また元に逆戻りしてしまったのであります。

日本キリスト教会も、かつて大きな信仰的な決断をして、新しい教会を歩みだしましたが、その決断の時も、わたしたちが常に「正しい」とは限らないのです。人間の罪の本性はあまりにも根深いのです。

わたしたちも、自分で「正しい」と思い込んでいても、歴史の中で厳しく裁かれる時が必ずきます。


それゆえ、ヨナは怒って、「主よ、どうかわたしの命をとってください。生きているよりは死ぬ方がましです」と叫んでいます。

自分が宣教したニネベの都が滅びず、神が思い直されたことに対する不満と怒りが爆発したのであります。

そこにヨナの選民意識と独善主義が歴然と表れています。

神はその怒るヨナに向かって、「お前は怒るが、それは正しいことか」と言って、その選民主義と独善主義を厳しく戒めておられます。しかし、この「あなたの怒りは正しいか」という言葉には、単にヨナに対する神の厳しい叱責があるだけでなく、神の慈愛のこもった愛と憐れみの響きさえも込められていると言えないでしょうか。


マタイによる福音書一〇章五節以下で、主イエスは十二人を派遣するにあたり、「異邦人の道に行ってはならない。また、サマリア人の町に入ってはならない。むしろ、イスラエルの家の失われた羊のところへ行きなさい」と命じておられます。

これはイスラエルの民に対する神のえこひいきではありません。まずイスラエルの失われた羊のもとに行って、主の御言葉を伝えなさいと命じておられます。主イエスは、そこに神のイスラエルの民に対する神の愛と選びがあったことを心から認めておられます。

イスラエル人は、先祖たちのお陰で神に愛され、選ばれております。そのイスラエル人に対する愛と選びは取り消されることはありません。それゆえ、まずイスラエルの家に行って、御言葉を宣べ伝えなさい、と命じておられるのです。

ヨナ書四章五―九節　（お前の怒りは正しいか）

そこで、ヨナは都を出て東の方に座り込んだ。そして、そこに小屋を建て、日射しを避けてその中に座り、都に何が起こるかを見届けようとした。すると、主なる神は彼の苦痛を救うため、とうごまの木に命じて芽を出させられた。とうごまの木は伸びてヨナよりも丈が高くなり、頭の上に陰をつくったので、ヨナの不満は消え、このとうごまの木を大いに喜んだ。ところが翌日の明け方、神は虫に命じて木に登らせ、とうごまの木を食い荒らされたので木は枯れてしまった。日が昇ると、神は今度は焼けつくような東風に吹きつけるよう命じられた。太陽もヨナの頭上に照りつけたので、ヨナはぐったりとなり、死ぬことを願って言った。「生きているよりも、死ぬ方がましです。」

神はヨナに言われた。「お前はとうごまの木のことで怒るが、それは正しいことか。」彼は言った。「もちろんです。怒りのあまり死にたいくらいです。」

ヨナは都を出て東の小高い丘に登り、そこに小さな小屋を建てて座り込みました。そして、その小高い丘の上から、眼下に広がる異邦人の都に下される神の審判を見届けようとしていました。ヨナはなおも神に逆らい、異邦人の悪に満ちた都ニネベの上に神の審判が下り、滅びるのを期待していたのです。

灼熱の太陽が彼の上に照りつけ、彼の建てた小さなもろい小屋は何の役にもたちませんでした。

しかし、神はそのヨナの窮状を見て、そのもろい小さな小屋の側に一本のとうごまの木を生じさせました。このとうごまの木は成長が早く、たちまち四メートルにもなり、木陰を造るに適した広い葉をもっていました。その木陰に覆われて、ヨナの神への不満はたちまち消え、喜びへと変えられたのです。

詩編一九編六節に「太陽は、花婿が天蓋から出るように、勇士が喜び勇んで道を走るように、天の果てを出で立ち、天の果てを目指して行く。その熱から隠れうるものはない」とあります。

太陽の恵みから隠れうるものは何一つありません。この神の大きな自然の恵みにふれて、ヨ

ヨナ書4章5－9節

ナの不満は消えたのです。あれだけ神がニネベの都の滅びを思い直されたことに対して不満をもち、激しく怒ったヨナは、一体どこに行ったのでしょう。

ところが翌日の明け方、神はまた小さな虫に命じて木に登らせ、とうごまの木を食い荒らされたので、木はたちまち枯れてしまいました。日が昇ると今度は、神は焼けつくような東風に吹きつけるように命じられたので、アッシリアの灼熱の東風がヨナに吹きつけました。また、その頭上に太陽が再びぎらぎらと照りつけたので、ヨナはぐったりとなって弱り果て、死ぬことを願って、言いました。「生きているよりは、死ぬ方がましです」。

自然の恵みはヨナを守り、一時の憩いを与えましたが、長続きしませんでした。小さな虫が活動を始めると、ヨナに麗しい陰を造っていたとうごまの木はたちまち枯れてしまったのです。

自然の恵みは限りなく豊かですが、同時にまた限りなく過酷であります。ヨナはぐったりとなって弱り果て、生きる気力を失い、「生きているよりは、死んだほうがましだ」と叫んでおります。

しかし、神はそのヨナに向かって、「お前はとうごまの木のことで怒るが、それは正しいことか」と問われました。それは自分を正しいとするヨナの独善を厳しく批判されたのです。ヨナは「もちろんです。怒りのあまり死にたいぐらいです」と開き直って言いました。ヨナはどこまでも自分が「正しい」と独善的に思い込んでいたのです。

このヨナの怒りは、本当に「正しい」と言えるのでしょうか。それは利己的で独善的な怒りというべきではないでしょうか。

エフェソの信徒への手紙四章二六節以下に、「怒ることがあっても、罪を犯してはなりません。日が暮れるまで怒ったままでいてはいけません。悪魔にすきを与えてはなりません」とあります。

怒ることがあっても、日が暮れるまで怒ったままであってはならないのです。日が暮れるまで怒ったままでいることは、悪魔にすきを与えることになります。

またヤコブの手紙一章一九節以下に、「だれでも、聞くのに早く、話すのに遅く、また怒るのに遅いようにしなさい。人の怒りは神の義を実行しないからです」とあります。

ところが、わたしたちの怒りは、聞くに遅く、話すのに早く、怒るのに早いのではないでしょうか。人の怒りは、自分の正しさを全うしても、神の義を全うすることはできません。

一節で、ヨナの怒りは、神がニネベの都に滅びを下されず、思い直されたことにありました。ところが九節の怒りは、一本の小さなとうごまの木が、小さな虫によって食い荒らされて、たちまち枯れて、滅んでしまったことにあります。

ヨナの怒りは矛盾に満ちていたのです。神はこのヨナに対して、「あなたの怒りは正しいか」と問い掛けて、その利己的で独善的な怒りを厳しく叱責しておられます。

しかし、ここで神は単にヨナの利己的で独善的な怒りを厳しく叱責しておられるだけでなく、またその怒るヨナを優しく諫め、正しておられます。

この「あなたの怒りは正しいか」という問いかけには、ヨナの利己的で独善的な怒りに対する、神の厳しい叱責があるだけでなく、慈愛と愛に満ちたユーモラスな優しさがあふれているとは言えないでしょうか。

ヨナ書四章一〇—一一節　（惜しむ神）

すると、主はこう言われた。「お前は、自分で労することも育てることもなく、一夜にして生じ、一夜にして滅びたこのとうごまの木さえ惜しんでいる。それならば、どうしてわたしが、この大いなる都ニネベを惜しまずにいられるだろうか。そこには、十二万人以上の右も左もわきまえぬ人間と、無数の家畜がいるのだから。

主は最後にヨナに向かって、「お前は、自分で労することも育てることもなく、一夜にして生じ、一夜にして滅びたこのとうごまの木さえ惜しんでいる」と言われました。

とうごまの木は、芽を出すと、成長が早く、背丈は四メートルにもなり、その葉は大きくて、日陰を作るにふさわしいものでした。それはヨナが日夜労し、一所懸命に苦労して育てた木ではありません。むしろ、ヨナが眠っている間に、自然に芽を出し、育ち、成長した木であります。

ヨナはその一本のとうごまの木の成長を大変喜びました。そのとうごまの木によって、神に対するヨナの不満は消えたのです。

ところが、神はまた小さな虫に命じて、そのとうごまの木に登らせ、食い荒らされたので、そのとうごまの木は一瞬にして枯れてしまいました。ヨナは、今度はこの一本の小さなとうごまの木が一瞬にして枯れてしまったことを大変悲しみ、その滅びを惜しんだのであります。ヨナは大変怒って、「わたしは生きているよりは、死んだほうがましです」と叫んでいます。

しかし、神はそのヨナに対して、「それならば、どうしてわたしが、この大いなる都ニネベを惜しまずにいられるだろうか。そこには、十二万人以上の右も左もわきまえない人間と、無数の家畜がいるのだから」と言われました。

「十二万人以上の右も左もわきまえない人間」とは、そこにまだ成長しない、小さな子どもたちが多く住んでいたことを示しております。またそれだけでなく、そこに律法を全く知らない無知な異邦人たちが多く住んでいたことを示しています。

そこに子どもたちだけでなく、異邦人たちをも加えると、ニネベの都には数えきれないほどの大勢の人間が住んでいたことになります。

またその都には、多くの人間だけでなく、無数の家畜もいました。神はその多くの人間と無数の家畜のいるこの大いなる都ニネベを非常に愛し、惜しんでおられたのであります。

そこに一本の小さなとうごまの木を愛し、その滅びを惜しんだヨナに対して、神は無数の人間と家畜のいる大いなる都ニネベを愛し、その滅びを深く惜しんでおられるのであります。

そこに同じ「惜しむ」ことにおいて、ヨナと神との間に比較にならないほどの大きな違いがあることが示されております。


しかし、この「惜しまずにいられるだろうか」という最後の言葉は、神のヨナに対する問いかけであり、また今日のわたしたちに対する問いかけでもありました。

ヨナの宣教は、ニネベの都に滅びを宣告することであって、決してその悔い改めを宣告しなかったのです。ヨナは依然として偏狭で排他的な選民主義者であったのです。

しかし、神は単にイスラエルの民のみを愛し、「惜しんで」おられるだけでなく、またあの異邦人の悪に満ちた都ニネベをも愛し、「惜しんで」おられます。

イザヤ書四九章六節に、「わたしはあなたを国々の光とし、わたしの救いを地の果てまで、もたらす者とする」とあります。

ヨナはこの第二イザヤの世界的・普遍的なイスラエルの信仰の伝統に立ち帰るべきではないでしょうか。

さらに、イザヤ書六六章一節以下に、「あなたたちはどこに、わたしのために神殿を建てうるか。何がわたしの安息の場となりうるか。これらはすべて、わたしの手が造り、これらはすべて、それゆえに存続すると、主は言われる。わたしが顧みるのは、苦しむ人、霊の砕かれた人、わたしの言葉におののく人」とあります。

これは第三イザヤの神殿批判です。第三イザヤは、第二イザヤの信仰の伝統を受け継ぎ、バビロン捕囚から解放されたイスラエルの民に期待していましたが、やがてその形式的な神殿崇拝や律法主義に陥った彼らに深く失望しております。

ヨナは形式的な神殿崇拝と律法主義から離れて、苦しむ人、霊の砕かれた人、主の言葉におののく人となって、異邦人と共に神を礼拝し、隣人を愛する者となるべきではなかったでしょうか。

また、使徒言行録一章八節に、「あなたがたの上に聖霊が降ると、あなたがたは力を受ける。そして、エルサレムばかりではなく、ユダヤとサマリアの全土で、また地の果てに至るまで、わたしの証人となる」とあります。「主の証人となる」とは、「主の復活の証人」となることであります。

聖霊が降るとき、エルサレムばかりでなく、世界の各地に教会が建てられ、地の果てに至るまでも、主の復活の証人となることが起こるのであります。それは聖霊の恵みの奇跡と言えます。

マタイによる福音書二八章一九節以下にも、復活の主は「だから、あなたがたは行って、すべての民をわたしの弟子にしなさい」と勧めておられます。そして「わたしは世の終わりまで、いつもあなたがたと共にいる」と約束しておられます。

教会は、単に人々を招いて、教会を大きくする自己目的のために召されているのではなく、この世の周りの人々のもとに遣わされて、復活の主の証人となるために召されているのです。

ただ一つの慰め

(ハイデルベルグ信仰問答第一問による説教)

第一問　生きている時も死ぬ時も、あなたのただ一つの慰めは何ですか。

答　わたしが、身も魂も、生きている時も死ぬ時も、わたしのものではなく、わたしの真実の救い主イエス・キリストのものであることです。

主は、その貴き御血潮をもって、わたしの一切の罪のために、完全に支払ってくださり、またわたしを悪魔のすべての力から救いだしてくださいました。

そしてわたしを守ってくださっておりますので、天にいますわたしの御父のみこころによらないでは、わたしの頭からは一本の髪も落ちることはできないし、実に、すべてのことが、当然わたしの祝福に役立つようになっているのです。

したがって主は、その聖霊によってもまた、わたしに永遠の生命を保証し、わたしが心から喜んで、この後は主のために生きることのできるようにしてくださるのであります。

第一問に、「生きている時も死ぬ時も、あなたのただ一つの慰めは何ですか」とあります。ここでいう「ただ一つの慰め」とは、単なる「一時的な気休め」や「気晴らし」のことではありません。

わたしたちは酷い逆境に陥ったとき、友人の優しい言葉によって大変慰められ、励まされ、力づけられることがあります。これを否定するものではありません。

しかし、ヨブが十人の息子と娘、および全財産を一度に失う大きな試練にあい、また自らも全身に腫れ物に悩まさる大きな試練を受けたとき、三人の友人たちがヨブを慰めようとしてやってきました。しかし、彼らはヨブのあまりに悲惨な有様を見て言葉を失い、何も声をかけることができなかったとあります。人間の慰めの言葉は、深刻な試練の前には無力なのです。

ただわたしたちはその場に共にいて一緒に涙を流すことしかできません。

カール・バルトは、この「慰め」について次のように言っております。それは困難な状況にあって、「それにもかかわらず」堪え忍び、「それにもかかわらず」勇気を懐き、「それにもかかわらず」喜びをもつことである、と言っております。

このような困難な状況にあって、この「にもかかわらず」を受け取ることが、わたしが慰められることであります。

またこの困難な状況にあって、この「にもかかわらず」を提供することが、慰めることであります。

コリントの信徒への手紙二の一章四節に、「神は、あらゆる苦難に際してわたしたちを慰めてくださるので、わたしたちも神からいただくこの慰めによって、あらゆる苦難の中にある人々を慰めることができます」とあります。

慰めとは、まず神からいただく慰めであります。それによって、あらゆる困難な状況にある人々を慰めることができます。

イザヤ書四〇章一節に、「慰めよ、わたしの民を慰めよ」とあります。これはイスラエルの民がバビロン捕囚の苦難にあった時に、神からいただいた慰めの言葉であります。

それは、イスラエルの民が犯した不信の罪は、そのバビロン捕囚の苦難によって二倍の刑罰を受けました。今やその罪はすべて赦されたのです。ここに罪の赦しによって、バビロン捕囚からの解放の時がきたのです。ここにイスラエルの慰めがあります。

また「生きている時も死ぬ時も」とあります。わたしたちの「生と死」は一つに結びついていて、切り離せません。生は死に向かって存在しており、死に限界づけられています。またその答えは、「身も魂も、生きている時も死ぬ時も」とあります。わたしたちは、身と魂をもって、生きまた死ぬのです。

この身と魂をもっていることは大変厳しいことです。いつ重い病気になり、死の宣告を受けるかわかりません。人生はさまざまな思い煩いに満ちています。いつも不安や心配事がつきまとっております。だれもこの悩みから解放されません。

しかし、わたしたちの最も深刻な問題は、この身と魂をもち、生きまた死ぬことには、必ず罪がつきまとっていることです。

アダムとエバは、神の前に応答して生きる者として造られておりますが、その神に背いたことによって、罪を犯しました。

またその罪は、神のように善悪を見分ける者になり、自分の考えや判断を絶対化して、傲慢になり、思い上がることです。

わたしたちは皆、この生まれながらもっている罪から逃れることはできません。ここにわたしたちが身と魂がもち、生きまた死ぬことのもっている深刻な罪の問題があります。

わたしたちはまた、悪魔（サタン）の誘惑にいつも脅かされております。悪魔は鋭い角を持って不気味にわたしたちを誘惑するとは限りません。あのアダムとエバを誘惑した蛇のように、甘い言葉で巧みにわたしたちをそそのかし、誘惑します。その誘惑に耐えられる者は一人もおりません。

主イエスが教えられた主の祈りに、「試みに合わせず、悪より救い出《いだ》したまえ」とあります。それは「悪魔の誘惑に合わせず、悪魔から救い出してください」という祈りです。

信仰問答第一二七問に、「我々は、もともとまことに弱く、片時も保ちえず、加わうるにわれわれの恐ろしい敵、悪魔、この世、およびわれわれ自身の肉は、われわれを攻めることを止めませんから」とあります。

主の祈りは、このように、いつも罪につきまとわれ、悪魔の誘惑に常にさらされているわたしたちを助け出してください、と祈ることを教えております。


それでは、生きている時も死ぬ時も、わたしたちに与えられている「ただ一つの慰め」とは、何でしょうか。

その答えは、「わたしが、身も魂も、生きている時も死ぬ時も、わたしのものではなく、わたしの真実の救い主イエス・キリストのものであること」です。

この「ただ一つの慰め」は、わたしの真実の救い主イエス・キリストから来ます。主イエス・キリストが、「その貴き御血潮をもって、わたしの一切の罪のために、完全に支払ってくださり、わたしを悪魔のすべての力から救い出して」くださったからであります。「貴き御血潮をもって」とは、主イエス・キリストがその十字架で、その死の貴い血を流して、わたしたちの罪を贖ってくださったことを示しています。

コリントの信徒への手紙一の六章一九節に、「あなたがたはもはや自分自身のものではないのです。あなたがたは、代価を払って買い取られたのです。だから、自分の体で神の栄光を現しなさい」と言っております。

主イエス・キリストが、わたしたちの罪の一切を十字架の死と復活をもって贖い、「御自分のもの」としてくださったのです。それゆえ、わたしたちはもはや「わたしたちのもの」ではありません。

主イエス・キリストが、全責任をもってわたしたちを贖い、「御自分のもの」としてくださっているのです。それゆえ、わたしたちはもはや自分の罪の問題について、あくせくと思い悩むことはありません。わたしたちの罪は赦されたのです。

ヘブライ人の手紙四章一五節では、キリストは「わたしたちの弱さに同情できない方ではなく、罪を犯されなかったが、あらゆる点において、わたしたちと同様に試練に遭われたのです」とあります。主イエス・キリストは、罪を犯されなかったが、わたしたちと同様に試練にあわれた方なのです。それゆえ、わたしたちの弱さに同情できない方ではありません。

また同じ五章七節以下にも、「キリストは、肉において生きておられたとき、激しい叫び声をあげ、涙を流しながら、御自分を死から救う力のある方に、祈りと願いとをささげ、その畏れ敬う態度のゆえに聞き入れられました。キリストは御子であるにもかかわらず、多くの苦しみによって従順を学ばれました」とあります。

キリストは、わたしたちと同じ人間として生活しておられたとき、多くの苦しみによって従順を学ばれました。すなわち、激しい叫び声をあげ、涙を流し、御自分を死から救う力のある方に、祈りと願いとをささげて、その畏れ敬う態度のゆえに、聞き入れられました。キリストは御子であられたにもかかわらず、多くの苦しみによって、従順を学ばれたのです。わたしたちは、このキリストの従順を受け入れることによって、救われるのです。

フィリピの信徒への手紙二章六節以下にも、「キリストは、神の身分でありながら、神と等しい者であることに固執しようとは思わず、かえって自分を無にし、僕の身分になり、人間と同じ者になられました。人間の姿で現れ、へりくだって、死に至るまで、それも十字架の死に至るまで従順でした」とあります。

主イエス・キリストは、その十字架の死に至るまで、徹底的に従順を全うされたのです。


またヘブライ人への手紙二章一四節に、「ところで、子らは血と肉を備えているので、イエスもまた同様に、これらのものを備えられました。それは、死をつかさどる者、つまり悪魔を御自分の死によって滅ぼし、死の恐怖のために一生涯、奴隷の状態にあった者たちを解放なさるためでした」とあります。

それゆえ、わたしたちは、もはやわたしの真実の救い主イエス・キリストによって、罪と悪魔の一切の力から解放されて、「主のもの」とされ、自由を与えられております。

それゆえ、ローマの信徒の手紙一四章七―八節にも、「わたしたちの中には、だれ一人自分のために生きる人はなく、だれ一人自分のために死ぬ人もいません。わたしたちは、生きるとすれば主のために生き、死ぬとすれば主のために死ぬのです。従って、生きるにしても、死ぬにしても、わたしたちは主のもの」なのです、とあります。ここにわたしたちの「ただ一つの慰め」があります。

それでは、わたしたちはどのようにして、主イエス・キリストによって罪と悪魔の誘惑から「守られている」のでしょうか。

第三四問に、わたしたちが、なぜ、主を「われらの主」と呼ぶのですか、と問われております。

その答えは、「主が、われわれを身も魂もともに、金や銀ではなく、貴き御血潮をもって罪から、また悪魔の一切の力から、御自分のものとするために、救い贖ってくださったからであります」とあります。

もちろん、わたしたちの一切の罪がなくなったわけではありません。わたしたちの罪は依然として残っております。しかし、主イエス・キリストはその貴い十字架の御血潮をもって、わたしたちの罪の負債を完全に支払ってくださり、わたしたちを主の支配のもとに救い出して、自由を与えてくださったのです。

また、悪魔の誘惑が一切なくなったわけではありません。悪魔の誘惑は依然としてわたしたちを激しく襲っています。

しかし、主イエス・キリストはこの悪魔の誘惑の中から、わたしたちを救い出し、「御自分のもの」としてくださったのです。

わたしたちは依然として悪魔の誘惑と日々戦っていますが、キリストの力によって、その悪魔の支配から救い出されて、自由を与えられております。

それゆえ、「天にいますわたしの御父のみこころによらないでは、わたしの頭からは一本の髪も落ちることはできないし、実に、すべてのことが、当然わたしの祝福に役立つようになっている」のであります。

また「主は、その聖霊によってもまた、わたしに永遠の生命を保証し、わたしが心から喜んで、この後は主のために生きることのできるようにしてくださる」とあります。

聖霊は永遠の命を保証するものですが、それは必ずしもわたしたちが死んだ後に与えられる命とは限りません。永遠の生命は、主イエス・キリストを信じるわたしたちに、生きている今も、すでに与えられております。

そして聖霊によって主イエス・キリストを信じ、すでに神の国に入れられ、「主のもの」とされております。

それゆえ、聖霊によって、わたしたちは心から喜んで、主のために生き、また主のために死ぬことが赦されているのです。

ここに、わしたちの「ただ一の慰め」があります。

開拓伝道に仕えて（千葉三教会の交わりに支えられて）

わたしが日本キリスト教会に入会したのは一九六九年の秋のことでした。まもなく始まった柏地域の開拓伝道に柏木教会（植村環牧師）の伝道師として仕えました。東京中会伝道局による関係諸教会の会合が何度も開かれましたが、それは激しい反対にあい決裂しました。しかし、その激しい反対も、わたしの開拓伝道の決意を固めるためにあった、と心から感謝しております。

その集会が始まったのは、一九七〇年十二月二十七日の午後のことでした。クリスマス礼拝を終えて、その年の最後の日曜日の午後でした。当時横浜長老教会の会員であった戸村宅において始まりました。当時豊島北教会の牧師であり、また伝道局の理事長であられた平出享牧師とわたしが交替で説教しました。

その準備を経て一九七二年四月十七日に、南柏伝道所の開設式が行われました。わたしが最初の牧師として赴任しました。三十歳の独身で、四畳半一間の貧しい出発でした。

伝道所開設の目的は、「南柏に独立の教会を建てるとともに、つくば・水戸方面の伝道に仕えるため」でした。それはつくば・水戸方面の伝道の大きな展望を懐いての出発でした。

八千代台の開拓伝道が始まったのは一九六八年四月二十九日でした。当時千葉県下には、日本キリスト教会は房総君津教会の一つしかありませんでした。加藤みき牧師が礼拝を終えて、数人の教会員を連れて遠距離の八千代台に来て、教会員のお宅で礼拝を始めました。そして一九七二年一月九日に八千代台伝道所（加藤みき牧師）が開設されました。

そして翌年、真田卯吉教師が福岡城南教会（藤田治芽牧師）から八千代台伝道所の牧師として遣わされました。奥様と三人の息子さんたちを連れて、一軒の民家に着任されました。真田卯吉先生は藤田治芽先生から「牧師になるな、伝道者であれ」と励まされ、伝道者として必死に伝道されました。

そして一九七六年四月二十九日に「八千代台伝道教会」を建設されました。そして八千代台から習志野に移り、小さな「習志野伝道教会の会堂」を献堂されました。

そして一九八二年四月二十九日に、独立の「習志野教会」を建設したのです。その御労苦は並々ならぬものがありました。真田卯吉先生ご自身も奥様も体調を崩されました。また育ち盛りの三人の息子さんたちも抱えておられました。

わたしは柏木教会の教会員からの借入金で、開設まもなく今谷上町に五八坪の土地を取得して、小さな一六坪の会堂兼牧師館を献堂しました。六畳二つと四畳半と台所の小さな建物でした。わたしは四畳半を、寝室と書斎として使いました。

その後、東京中会伝道局と柏木教会、豊島北教会、横浜長老教会の三つの教会から受けていた援助をすべて辞退しました。「伝道は独立してすべきものである」との藤田治芽先生の教えに従っての決心でした。しかし、この決断があってはじめて、南柏伝道所の伝道は大きく前進したのです。

集会は礼拝、日曜学校、我孫子の土曜学校、朝夕の祈祷会などがあり、家庭集会も五箇所で行いました。そして一九七七年四月にすべての借入金を返済し、「南柏伝道教会」を建設しました。そして翌年、会堂と牧師館を大幅に増築しました。

その翌年わたしは三十七歳で結婚し、一人娘が与えられました。

その後伝道を担ってくださった教会員一家のアメリカ転勤がありましたが、藤田治芽牧師を講師に招いて独立教会の準備を始めました。そして一九八三年四月十七日に独立の「南柏教会」を建設したのです。

その間、わたしはしばしば自分の説教と牧会の貧しさを痛感しました。しかし、真田卯吉牧師が隣の教会で伝道しておられて、その交わりに大変励まされました。真田卯吉牧師は、わたしの伝道の同労者でした。

まもなく加藤みき牧師に代わって、南純教師が北海道の美深教会から房総君津教会の牧師として赴任されました。奥様と三人の子どもさんを伴っての赴任でした。南純牧師は神学校でも教えておられましたが、大変な苦労をして駅前の会堂を移し、立派な石造りの「房総君津教会の会堂」を献堂されました。

そして一九七八年に千葉三教会の中高生修養会が、毎年夏に始まりました。それは中学生、高校生だけでなく、小学生、赤ちゃんも含めての、家族ぐるみの集まりでした。

南純牧師は歴史家で、その修養会の記録を一回一回丁寧に保存してくださいました。

やがて函館相生教会に赴任された真田卯吉牧師に代わって、小坂宣雄教師が蒲田御園教会から習志野教会の牧師として赴任されました。奥様と一人息子を伴っておられました。

そして小坂宣雄牧師は大変な苦労をして、会堂を他に移し、二〇〇二年五月二十六日に、立派な「習志野教会の会堂」を献堂されました。先生はスコットランドに留学された経験を生かして、心のこもったよく整った礼拝を新しく始められました。

小さな房総君津教会の八千代台開拓伝道が実を結んで、立派な「習志野教会」が生まれたのです。

その後、南柏教会は一九九六年に隣接地のアパートを買い取り、六〇坪あまりの土地を得て、教会堂を大きく増改築し、駐車場を確保しました。教会は一年間にわたる激しい議論を重ねたすえ、多額の献金と借入金を献げてこの決断を実行しました。これは南柏教会の教会員の祈りと努力があって、初めて実行できたことでした。心から感謝しております。

ところで、「つくばの家庭集会」が始まったのは一九八一年三月のことでした。つくばに移住してきた三名の日本キリスト教会の教会員を中心にした集まりでした。その家庭集会は黙々と十四年間も続きました。

しかし、新しい伝道のきっかけになったのは、山下廣兄と加代姉がつくばに引っ越して来られたからでした。そして「つくばに伝道したい」という山下廣兄の一言によって、一九九四年に山下廣宅で午後の礼拝が、南柏教会の集会として始まりました。それは山下廣宅の並々ならぬご奉仕によって黙々と続けられました。そして市内のお稽古ごとの部屋に移り、黙々とその小さな集会を続けました。それは正にヘッセリンク宣教師が言われた「まるで初代教会の始まりみたい」な集会でした。

そして会社を退職して神学校に行かれた山下廣神学生が、四年間の学びを終えて卒業された二〇〇四年四月二十九日に、「つくばひたち野伝道所」（山下廣伝道師）を開設しました。

翌年、山下廣伝道師はそれまでの集会で蓄えてきた資金と南柏教会からの献金を基にして、全国募金を募り、ひたち野牛久に一〇三坪の土地を得て、立派な会堂を献堂されました。

その後教師試験に合格された山下廣牧師と、つくばひたち野伝道所の教会員を中心にして、会堂建築献金の借入金の返済に取り組み、それを十年間で見事に完済されました。

そして山下廣牧師はその使命を全うされて、二〇一九年の第六十八回東京中会において牧師を解職されたのです。

ここに南柏伝道所の伝道所開設当初の目標の一つ、「つくば・水戸方面の伝道」に仕えることが実ったのです。

つくばひたち野伝道所は、まだまだ開拓伝道です。今後牧師館を建て、新しい牧師を迎え、独立教会になることが当面の目標でしょう。そして新しいつくばエクスプレスの沿線や水戸方面の伝道に、祈りつつ、ゆっくりと大胆に仕えていただきたいと存じます。

南純牧師と小坂宣雄牧師はそれぞれ八年間神学校校長として奉仕され、また大会中会の書記、議長等を歴任されました。

わたしは大会伝道局理事長、神学校校舎建築委員、大会書記、東京中会議長等として仕えました。

その多忙さの中にあっても、千葉三教会の中高生修養会は毎年続きました。同じ年代の中学生、高校生たちが多く集まりました。また小学生、赤ちゃんを加えて、聖書を共に学び、海や山に楽しく過ごしました。

この交わりの中から、真田泉牧師と南望牧師が献身され、また山下廣牧師、稲葉一牧師、澤谷由美子牧師が神学校に行って、献身されました。

わたしは顧みて、加藤みき先生、真田卯吉先生、南純先生、小坂宣雄先生との温かい交わりを忘れることができません。それは大変豊かな交わりでした。

　この千葉三教会の温かい交わりがなければ、わたしの四十年間にわたる南柏の開拓伝道は続けられなかったでしょう。


　今や習志野教会には山川聡牧師が赴任しておられます。習志野教会の新しい歴史が始まったのです。聖霊の祝福を豊かに受けて、新しい伝道の目標を掲げて、大胆に説教し、伝道牧会に励んでいただきたいと存じます。

　また、房総君津教会には菊地信光牧師、南柏教会には天満由加里牧師と、新しい牧師が赴任されました。山下廣牧師が退職されて無牧になったつくばひたち野伝道所を加えて、今後も互いに支えあい、励ましあって、主にある良き交わりを続けていただきたいと存じます。三教会の新しい交わりの上に、主の祝福を心からお祈りしています。

竹森満佐一先生とヘッセリンク先生に感謝して

竹森満佐一先生に感謝して

竹森満佐一先生の名前をはじめて聞いたのは、わたしの先輩であり遠縁にあたる高橋敬基さんからでした。わたしが東京神学大学に入学した直後にお会いして、教会をどこに決めたらよいか相談しました。高橋敬基さんは大学院二年生でイェール大学に留学される直前でした。高橋先輩からは、竹森満佐一先生は素晴らしい説教家であるので、ぜひ吉祥寺教会に出席するようにと強く勧められました。

その後、新入生の指導をしておられた竹森満佐一先生に始めてお目にかかりました。そのとき先生は富士見町教会に出席するように勧められました。そして先輩を紹介してくださり、富士見町教会に連れて行ってもらいました。しかし、富士見町教会はあまりに大きくてわたしにはなじめなかったので、当時親戚が多く住んでいた永福町の教会に出席することにしました。

しかし、四年生の終わり近くになり、大学院での教会生活のことを考えて、わたしはぜひ吉祥寺教会に出席したいと思い、何度も竹森先生に電話をしました。しかし、はじめはなかなか受け付けてもらえませんでしたが、やっと先生が教会で会ってくださり、わたしの吉祥寺教会への出席を認めてくださいました。

それはまるで落語家の弟子入りのような心境でした。

その後の吉祥寺教会での生活は、これまでとは全く異なるものでした。午前十時に礼拝が始まると、十一時過ぎに終わりました。その後早い昼食を済ませて、家に帰るよりほかありません。神学生は家に帰って勉強するようにとのことでした。

日曜学校は午前八時からでした。その後掃除を済ませると、二十分前に礼拝堂の二列めに座り、十時に始まる礼拝をじっと待ったのです。礼拝出席者は前から順に規則正しく座りました。礼拝に遅れた人は教会に入れてもらえないと言われ、遅れた人は他の教会に出席したと言われていました。しかし、それは少しおおげさすぎるかもしれません。

礼拝出席者は百八十名前後でした。日曜学校はイースターもクリスマスも、特に子ども向けの会はありませんでした。ただ聖書を忠実に説き明かすことが求められました。

説教は当時ロマ書の講解説教でした。聖書の一字一句を大切にして、そこから聞こえてくる御言葉を精魂こめて、大胆に説教しておられました。先生は説教の準備として、まず初めにクリティカルな書物を読み、最後に優しい福音的な書物を読むと言われました。J・デニーやスポルジョンの名前を聞いたのも先生からでした。

先生は講解説教を強く勧めておられました。しかし、講解説教は大変むつかしいことでした。単なるクリティカルな聖書の説明にすぎない説教や、人間中心の説教は多く聞くことはあっても、なかなかその聖書の箇所から深いメッセージを聞くことはできません。

先生は「瞑想」の大切さをよく口にしておられました。この瞑想なくして、説教が単なる聖書の説明になり、自分のものにも、会衆のものにもなりません。教会員との心との対話、世界との対話になるのは、この瞑想によるほかはありません。わたしは最近この瞑想の大切さを痛感しております。

竹森満佐一先生の説教は優しく、聞きやすいものでした。その聖書の釈義は的確で、会衆の心を深く打つ豊かなものでした。わたしは先生の出版された説教集の中でも、『ダビデ――悔いくずおれし者』と、イエス伝講解説教『わが主、わが神』を、特に愛読しております。

しかし、先生の説教は、書物として出された説教集を読むよりは、礼拝に出席して直接聴くことが大切であると思います。その声には威厳があり、毅然とした権威のある説教でした。

その説教の導入は実に見事でした。わたしは「説教を粛然と聞く」ことの喜びを初めて味わいました。また説教題はなく、ただ聖書の箇所だけが記されていました。

わたしはあつかましくも教会の後ろに入り口があった牧師館を何度もお尋ねして、先生と懇談しました。先生は快くわたしとの懇談に応じてくださいました。

また時々わたしは先生から教会の掃除を依頼されて、一人で黙々としました。これも礼拝を守るための神学生の訓練の一つだったのでしょう。

わたしが吉祥寺教会に出席するようになってまもなく、母と二人の弟も、吉祥寺教会に転籍しました。母は竹森満佐一先生の説教を聞いて大変感心し、大喜びしました。特に罪の赦しを深く教えられたと言っていました。

ヘッセリンク宣教師も「ヨーロッパの教会を巡っても、これほどの説教はめったに聞けない」と感心しておられました。

二人の弟はそれぞれ吉祥寺教会で結婚式を挙げました。また父と母の葬儀も、吉祥寺教会の竹森満佐一牧師に司式を依頼しました。父はキリスト者でなかったのですが、自宅での葬儀を快く引き受けてくださいました。

先生の一番嫌いな言葉に、牧師の「お世話になる」ということでしたが、わたしたちの家族一人ひとりは、吉祥寺教会の竹森満佐一牧師に、長い間何かとご指導いただいたことを、心から感謝しております。

わたしは学生時代に、友人たちとカルヴァン研究会を作り、書物を発行しました。竹森先生はこのカルヴァン研究会を大変喜んでくださり、時には寄稿し、また献金をしてくださいました。

わたしが日本キリスト教会に入会したとき、竹森満佐一先生はちょうどウェスタン神学大学とハイデルベルク神学大学の客員教授として招かれ、日本を留守にしておられました。

しかし帰ってから、わたしが日本キリスト教会に入会したことを聞いて、大変喜んでくださいました。そして吉祥寺教会の牧師館に招いてくださり、トヨ牧師を交えて大変親しく懇談したことを懐かしく覚えております。

竹森先生は日本の教会を切り開いた植村正久牧師を大変尊敬しておられました。わたしがその娘である植村環牧師が仕えておられる柏木教会に伝道師として赴任したことも、その喜んでくださった理由の一つであったのかもしれません。事実、わたしは柏木教会に赴任してから、植村正久牧師について学び、深く尊敬しております。植村正久牧師は、日本の教会の開拓者でした。今もその植村正久のような教会の開拓者が現れることを強く願っております。

竹森満佐一先生は中国の満洲で生まれ、成長されました。当時奉天（現・瀋陽）にあった林三喜雄牧師の奉天教会のメンバーの一人でした。先生の最初の書物である『満州基督教史話』に、大変印象に残る話が残っておりました。

それは先生が満洲を去る際に、中国の最初の牧師に面会し、何が伝道者にとって一番大切かと質問すると、その牧師は「全く神に依り頼むこと」と言われました。そして、その牧師は口をついで、「わたしはある時は知恵に頼み、ある時は人間に頼んだが、いずれも失敗だった。ただ神を頼みまつった時だけは成功しました」と言われたのです。

その牧師は高齢で八十歳を過ぎておられました。しかし、この老牧師との対話は、その後の竹森満佐一先生の伝道者としての生涯を支えたように思います。わたしは竹森満佐一先生の著わされた書物の中で、この『満洲基督教史話』を高く評価しております。ここに説教家竹森満佐一の原点があったように思えてなりません。

竹森満佐一先生は一九四一（昭和十六）年に吉祥寺教会の牧師として赴任されました。前任者の牧師が良い説教をされたが、交わりを大変重んじすぎたので、わたしはただ礼拝と説教に集中したと言われました。戦前、戦中、戦後の何にも頼ることができない混乱の時代に、竹森満佐一先生はただひたすら神に依り頼み、礼拝と説教に集中されました。そして戦争が激しくなったころ、熊野義孝先生をはじめ、林三喜雄先生、堀内友四郎先生、栗原久雄先生などと共に、「東京キリスト教研究所」を作り、これが後の協力伝道会となり、東京伝道局、連合長老会となりました。

今日の日本キリスト教会は、ここから生まれたものでした。先生御自身は教団に属しながら、日本キリスト教会の誕生を心から喜び、各地でその意義を訴えておられました。

そしてトヨ牧師を先に天に送り、先生御自身も八十二歳で天に召されました。その五十年にわたる吉祥寺教会の牧師としての生涯は、ただ一筋に神に依り頼み、礼拝と説教に集中されることでした。その一筋に神に依り頼み、礼拝者として、また説教者として貫く先生の姿が、多くの教職に感化を与え、多くの聴衆を集める教会を形成させたのだ、とわたしは心から思っています。

わたしは現在日本キリスト教会に属し、開拓伝道に生涯をささげてきましたが、この竹森満佐一牧師の一筋に神に依り頼み、礼拝と説教に集中する態度に深く学んでおります。

「ヨナ書講解説教」は大変貧しいものですが、わたしが伝道者として開拓伝道に仕えた生涯の「まとめ」です。

竹森満佐一先生とトヨ先生に、心から感謝をこめて献げます。

ヘッセリンク先生に感謝して

ヘッセリンク先生に初めてお会いしたのは、わたしが東京神学大学三年生の頃でした。ヘッセリンク先生はアメリカ改革派教会の宣教師として日本に来られ、福岡城南教会の客員として出席されて、八年間、藤田治芽牧師の説教を聴いてこられました。

やがてスイスのバーゼルにいたカール・バルトのもとに留学されて、「カルヴァンの律法概念」という博士論文を書かれました。

また長年対立していたバルトとブルンナーとの再会を助けた写真を残して、先生の名前は大変有名になりました。

そして東京神学大学の助教授として再び日本に帰って来られました。その頃、先生はチャペルで説教されたとき、「神学生はぜひハイデルベルク信仰問答第一問を暗誦してほしい。そうすれば、将来牧会についたとき必ず役に立つ」と言われました。

わたしはその頃ハイデルベルク信仰問答を知りませんでしたので、帰ってから第一問を必死に読みました。よく理解できませんでしたが、何度も読み直しました。そして教会に赴任してからも、祈祷会などで学びました。

そのときわかったことですが、説教が正しい説教になるためには、信仰問答に基づいて教理的に説教することが大切であると言うことでした。ハイデルベルク信仰問答を説教することによって、聖書に記されている信仰の教理を順序だって正しく知り、説教することができるようになります。


ヘッセリンク先生からは、カルヴァンの神学について、またカール・バルトの神学について講義を聴きました。大変豊かな内容のある講義でした。バルトのキリスト中心の神学に共鳴しつつも、また疑問をもっておられたようにも思われます。

また、カルヴァンの『キリスト教綱要』について講義を受けました。使徒信条に基づいた綱要の神学の構造には、バルトによってその神認識の点で疑問があるとの批判があることも聞きました。カルヴァンの二重予定の教理についても、その自然神学についても、バルトは厳しい批判をもっておりました。しかし、バルトの小児洗礼については、先生は厳しい批判を口にしておられました。

ヘッセリンク先生は、カール・バルトの神学よりも、カルヴァンの神学に共鳴しておられたように思われます。

また、ヘッセリンク先生から「律法の第三用益」について聞きました。律法は罪の自覚を生じさせるだけでなく、神を愛し隣人を愛するキリスト者の新しい生活の指針を与えるものであることを学びました。

わたしのつたない卒論は「カルヴァンの信仰論」でしたが、その神認識について書きました。激しい喘息の発作に悩まされつつ必死に恥ずかしい論文を書いたことを覚えております。その指導教授は神学校から熊野義孝先生を指名されましたが、一度もその指導を受けることなく、ヘッセリンク先生から指導を受けました。

またヘッセリンク先生からカルヴァンの肖像の変遷について興味深く聞きました。カルヴァンは悪魔のような顔で描かれることもあるが、また穏やかな品位のある顔で描かれることもあると言われました。その時の神学的な状況が反映しているのです。

また聖書の註解書の詳しい紹介を一つひとつ丁寧にしてくださったことは、大変役にたっています。

先生はエキュメニカルな広い立場をもっておられ、カルヴァンとルターについて、その違いと共通点について聞きました。

また、ウェストミンスター信仰告白とドルトレヒト信仰規準に対する厳しい批判も口にしておられました。

わたしは同僚の牧師たちと共に、先生の『改革派とは何か』を読み、大変教えられました。同じ改革派に属し、同じカルヴァンを学び、同じ長老教会でありながらも、教会には「多くの誤解」があり、違いがあることを知りました。同じカルヴァンに学びながら、保守的な立場とリベラルな立場に大きな違いがありますが、わたしは保守的な立場には強い拒絶感を覚えております。

今日の教会は体系的な神学に向かう傾向にありますが、教会は知的・体系的な神学でなく、み言葉に基づいた神と人との生きた関係を問題にする神学でありたいと強く願っています。

わたしは高崎毅志先輩に連れられて、度々ヘッセリンク先生のお宅をお訪ねしました。コーヒーをご馳走になり、書物の紹介を受けました。また、時にはクラシックの音楽を聴かせてくださり、非常に楽しい時を過ごしました。また、高崎毅志牧師が仕えられた福島県の川桁で、ヘッセリンク先生や渡辺信夫先生を迎えてカルヴァン研究会をもったことも、懐かしく思い起こします。

高崎毅志さんは、わたしの永福町教会時代の先輩でした。彼は非常に親切で、後輩のわたしを、何かと面倒を見てくれました。彼の存在なくして、わたしのカルヴァンの神学との出合いも、ヘッセリンク先生との出会いもなかったことでしょう。心から感謝しております。

ヘッセリンク先生は、日本キリスト教会に対して大変好意的で、アメリカ改革派教会は、日本キリスト教会と宣教協約を結び、交流すべきだとよく口にしておられました。しかし、また日本キリスト教会に対して厳しい批判ももっておられました。日本キリスト教会は「教会、教会」と言って、いつも口にしているが、教会は教会によって歩むのではなく、教会を超えた広い大きな世界万物の創造者である神を仰いで、それに服従して仕えていく教会であるべきだと言っておられました。

わたしも全く同感です。キリストも教会の頭《かしら》であり、また同時に広く大きい世界万物の頭《かしら》でもあります。

またヘッセリンク先生には南柏に来ていただき、何度も説教していただきました。伝道所時代から、伝道教会、独立教会になるまで、その成長を見守り、助けていただきました。

一度礼拝で説教した後、疲れているから休ませてほしいと言われて、わたしの四畳半のベッドでしばらく休まれたこともありました。また「つくば集会」にも何度か出席してくださいました。その伝道は「まるで初代教会の始まりみたいだ」と感心してくださり、次の機会には奥様を連れて参加してくださいました。

その頃、昼食を共にしていたとき、奥様からヘッセリンク先生との結婚に至るまでの興味深い話をお聞きしました。奥様は同じ改革派教会の牧師の娘でしたが、お父様から大学を卒業しなければ結婚してはならないと厳しく言われたので、四年かかるところを三年でマスターして大学を卒業し、ヘッセリンク先生と結婚したと言われました。実にほほえましいお話でした。

先生はウェスタン神学大学の学長になられて、アメリカに帰って行かれましたが、その後も度々日本に来られて講演し、説教をしていただきました。

ヘッセリンク先生は、昨年天に召されたとお聞きしました。

ヘッセリンク先生御夫妻が宣教師として長年日本の教会のために御奉仕してくださったことを、心から感謝しています。

「ハイデルベルク信仰問答第一問による説教」を、ヘッセリンク宣教師ご夫妻に、心から感謝して献げます。

伝道者に召されて（わたしの半生）

わたしは一九四二年二月二十二日、中国東北部（旧満州）の長春（新京）に生まれました。父一行《かずゆき》は満洲気象台に務めておりました。すでに右手が利かない障がい者でした。父は三十六歳で母志げのと結婚し、満洲に来たのです。

父は兵庫県八鹿町石原村の農家出身で、七人兄弟の長男でした。弟たちは皆小学校卒でしたが、父はただ独り八鹿高校、京都蚕業高校を経て、九州大学農学部に進み、田中義麿教授のもとで遺伝学を学びました。

卒業後郡是製糸株式会社に務め、蚕の遺伝を研究していました。父は神童と呼ばれ、八鹿の町で知らない人はいないほど、みんなから尊敬されておりました。

しかし、静岡の沼津で脳溢血に倒れ、右手が利かなくなりました。職を辞して石原の実家に帰り、失意の中で悶々としていましたが、やがて四国八十八か所を巡り歩きました。その途中で出会った酷い障がい者たちの懸命に生きる姿に感動し、再び生きる力を回復しました。そして九州大学の田中義麿教授の研教室で助手として働いていたとき、母志げのと出会い、結婚したのです。そして結婚後、新京の気象台に職を得て、満洲に渡ったのです。

母志げのは、祖父が綾部の郡是製糸株式会社の教育長で、毎朝聖書を読み、讃美歌を歌い、説教する務めの人でしたので、キリスト教の環境の中で育ちました。祖父は相馬の家老の息子でしたが、キリスト者となり、東北学院に学んで押川方義の弟子となりました。その後川合信水に連れられて綾部の郡是製糸株式会社に勤めたのです。そこで祖母と出会い、結婚しました。

郡是製糸株式会社は、波多野鶴吉によって生まれた有名なキリスト教主義の会社で、玄米食とキリスト教を奨励していました。郡是師範学校を卒業した婦人たちは皆、聖書を学び、讃美歌を歌い、キリスト者となる者もいました。

祖父は日本基督教団になった頃に、牧師の資格を与えられ、何人かに洗礼を授けたと言っておりました。川合信水は東北学院の押川方義の弟子で、葬儀をした人でした。そして東北学院の教授をしたり、山形の鶴岡基督教会の伝道師をしたりしていましたが、押川方義の勧めで郡是の教育主任となりました。その郡是でキリストの心を心とする「基督心宗」を創設しました。それは仏教との対話を奨励するキリスト教でした。

しかし、祖父は郡是を出て、広く伝道すべきであると主張して川合信水と対立し、辞職して、東京の永福町に移りました。そこに借家を何軒か造り、両親のない親戚を引き取って世話をし、また下宿に置いた学生たちに伝道しました。

わたしが東京神学大学に入学したときに最初に行った永福町教会は、その祖父母や親戚が多く住んでいた地域でした。祖父母はわたしが神学校に行って牧師になることを大変喜んでくれて、祈ってくれました。祖父は大変厳しい人でしたが、祖母はいつもにこにことした穏やかな人でした。その祖母が、わたしの父の記念会で立川の家に来て、竹森満佐一先生にわたしたちの牧師は押川方義先生でした、とはっきり言ったことは大変印象に残りました。

作家の新田次郎も、その頃新京の気象台に務めていましたが、その夫人の藤原ていの著書『流れる星は生きている』は、新京から三人の幼い子どもたちを連れて引揚げた凄惨な記録で、ベストセラーになりました。その娘の藤原咲子は、まだ一歳に満たない乳飲み子で、母に背負われて、草の汁を吸い、ほとんど死んだ状態で引揚げてきました。

彼女は幼い頃、自分は生きていてよかったのかと大変悩みました。しかし、成人してから母の『流れる星は生きている』の原文を読み、母の愛を知って、「母への詫び状」を書きました。

その「母への詫び状」の中に、新京の気象台の官舎跡を訪ねた様子が記されておりました。わたしは小川武満先生と共に、天安門事件の直後に初めて新京を訪れましたが、その官舎跡を訪ねたことはありません。しかし、その官舎跡こそ、父と母が住み、わたしが生まれた場所でした。


父と母は、まもなく日本に引揚げました。それはおそらく父の二人の弟が戦死したことを聞いて、石原の両親が大変衝撃を受け、父に日本に帰って来るように要請したからと思われます。しかし、その日本帰国がなければ、わたしたちは藤原ていの『流れる星は生きている』にある悲惨な引揚げを経験していたか、あるいは生きて日本に帰って来れたかわかりません。

父は日本に帰って、八鹿高等学校の教師をしました。わたしは小学校に上がる前でしたが、高校に父の弁当を届けに行ったり、父と銭湯に一緒に行ったことなどを懐かしく思い起こします。しかし、その父がまた突然倒れたのです。

担架で運ばれて帰って来たとき、母はわたしに「お父さんが倒れた」と沈んだ声で告げました。則行が三歳、博は生まれたばかりでした。母の過酷な苦難が始まったのです。戦後の食べ物のない厳しい時代でした。

数年の後、母は障がい者の父と共に、幼い息子たちを連れて、父の実家に帰って行きました。それは子どもたちに食べさせたいという一心からでした。そして一度も経験したことのない百姓をして、泥まみれになって働いたのです。

父の実家は、八鹿からバスが一日に三本ほど走り、終点からさらに三十分ほど歩いた、山の中腹にありました。段々田んぼと段々畑の寒村でした。

父の実家は、その村の一番下にあり、お寺は一番上にありました。わたしが小学校三年生、則行が小学校一年生、博が四歳になる時でした。

父は右半身が利かない障がい者でしたが、気力をもって立ち上がり、自分にできる仕事をして黙々と働きました。わたしたちも学校から帰って来ると、いつも母の農作業を手伝いました。石原の祖父から田植え、稲刈り、田の草取り、七段の稲木だつ造り、脱穀、畑の草取り、山の下刈りなど、農業のすべてを教わりました。冬はみそ作り、餅つき、雪かきなど、雪深い農家の一年の風習を、一通り習いました。

母はよく東京の祖母からの手紙に記された聖書の言葉に励まされていました。そしてよく山や田んぼで、大きな声で讃美歌を歌っていました。

母は朗らかな性格で、青年たちを集めて料理教習をしたり、子どもたちを集めてクリスマス会をしました。またお寺の奥様と仲良しになり、よく急な坂を登ってお寺に行き、一緒にオルガンを弾き、讃美歌を歌っていました。

また、母は民主主義について学校の教師と議論し、障がい者問題について選挙カーに乗って弁士として活躍しました。それは大変苦労の多い貧乏な暮らしでしたが、非常に生き生きとした生活でした。

子どものわたしたちも、その田舎生活を満喫しました。夏は川で泳ぎ、冬はソリをしました。山に行って竹の子掘り、柿もいちじくもグミも食べ放題でした。一番の楽しみは、夏の盆おどり、秋の村祭り、村々対抗の運動会でした。

そんな生活の中で、わたしたち一家に一つの新しい転機が訪れました。それは日本伝道隊の浮田益夫伝道師が、突然石原の家を尋ねて来られたのです。八鹿に小さな伝道所が生まれました。わたしたちの家族と浮田益夫伝道師との親交が始まりました。先生は紙芝居などを持って石原に来て、子ども会を開き、またわたしの家で家庭集会を行ってくれました。

わたしは時々、八鹿伝道所の礼拝に出席するようになりました。そして高校二年生の時に洗礼（浸礼）を受けました。それはわたしにとって新しい転機になりました。それまでのわたしは坪田譲治や武者小路実篤の愛読者で、「自然に生きる」ことを理想にしていましたが、この洗礼を機に人生は「挑戦」であると思うようになったのです。顧みて、わたしは日本伝道隊の浮田益夫牧師との出会いを、心から感謝しております。

長男のわたしは家を助けるために、中学を卒業すると農家を継ぎましたが、夏になると、持病の喘息がひどくなり、働けなくなりました。わたしは農業をあきらめて就職するために、郡是の宮津工場に行って、採用試験を受けました。その試験が終わると、試験官はすぐに綾部に飛んで、郡是の重役をしていた叔父に、わたしを採用してよいか尋ねました。叔父は直ちにわたしに電報をよこし、直ぐに綾部に来るようにと言われました。そしてわたしに高校進学を勧めたのです。父は財産を売ってでも高校に進学させることはできると言って、わたしの高校進学を許してくれました。それは正月の始めのことでしたが、急きょ受験勉強をして、一年遅れで八鹿高校に入学しました。

その高校卒業近くなると、わたしは卒業したら神学校に行って牧師になることを強く願うようになりました。そのことを父と母に告げると、二人とも喜んで賛成してくれました。そして東京神学大学に入学したのです。


母は、父の実家の義母と義父の死を看取り、嫁としての使命を果たしました。しかし、やがて健康がすぐれなくなり、百姓の仕事ができなくなりました。父はその時、全財産を売って、東京に出る決断をしました。それは子どもたちの将来の勉学のためでした。そして父は、生まれ育った実家も田んぼも畑も山も全部売り払って、立川の砂川に建てた小さな家に、家族そろって引っ越してきたのです。わたしが神学校三年、則行が高校卒業、博が中学卒業の年でした。

弟の則行は立川の基地で働き、家の経済を助けてくれました。そして英語を話せるようになりました。博はキリスト教学校教育同盟に務め、日比谷高校の夜間部に通いました。そして二人は同級生として早稲田大学の夜間部に入学しました。そして卒業後、則行は国際キリスト教大学の事務職員になり、博は立教大学の中学・高校の教師になり、やがて校長になりました。

父は、わたしが東京神学大学を卒業して、日本基督教団袋井教会の伝道師に赴任した夏に、袋井を尋ねてくれました。その九月に突如天に召されました。

父はその波乱の多い人生を黙々と歩み通して、その使命を終えたのです。

また母は七十四歳で天に召されました。母の生涯で一番生き生きと輝いていたのは、あの十三年間の八鹿町石原村の貧しい生活でした。そこは自然豊かな美しい所で、わたしが幼少年時代を過ごした懐かしい郷里でした。わたしはこの八鹿町石原村の郷里で、伝道者に召されたのです。

石原の家

八鹿町石原村

あとがき

ヨナ書講解説教は、現在日本キリスト教会函館相生教会の牧師久野牧先生のヨナ書講解説教『あなたの怒りは正しいか』を参考にさせていただきました。これは大変示唆に富み、すばらしい説教でした。

また西村俊昭著『ヨナ書注解』、デイリー・スタディー・バイブル22『十二預言者I』（P・C・クレイグ著、山森みか訳）、聖書講解全書14『ホセア、ヨエル、アモス、オバデヤ、ヨナ』（J・M・マイヤー著、山崎亨訳）を参考にしました。

その他、手元にあるいくつかの註解書を参考にしました。

「ハイデルベルク信仰問答第一問による説教」は、竹森満佐一訳を基本にし、私訳を加えたものです。

カール・バルト著『キリスト教の教理――ハイデルベルク信仰問答による』を読み、大変教えられました。

日本キリスト改革派教会の吉田隆牧師が訳されたビエルマ著『ハイデルベルク信仰問答の神学』は大変教えられました。これはエキュメニカルな大変良い書物です。

その他、登家勝也著『ハイデルベルク信仰問答講解』、

加藤常昭著『ハイデルベルク信仰問答講話』、

アンドレ・ペリー著『ハイデルベルク信仰問答講解』等を参考にしました。

「開拓伝道に仕えて」は、わたしが千葉三教会の交わりに支えられたことを、感謝をもって記しました。

「竹森満佐一先生とヘッセリンク先生に対する感謝」は学問的・批判的なものでなく、わたしの伝道者としての生涯を支えた大きな力であったことを個人的に感謝を込めて記しました。

なお、最後の「伝道者に召されて」は、わたしの幼少年時代を顧みて、八鹿町石原における農業がどんなに大きな力であったかを思い起こし、その郷里で伝道者として召されたことを感謝して加えました。

日本の教会は、現在非常な危機的な状況にあります。しかし、この危機は、歴史の審判者なる神が、教会の新しい時代を切り開こうとしておられる機会であると堅く信じております。日本の教会が生き生きとした教会の創造的な活力を回復し、新しい教会の未来を切り開いてくださることを切に祈っております。

なお、一麦出版社の西村勝佳氏には、わたしのつたない文章のゆえに、たいへんご苦労をおかけしました。心から感謝申しあげます。

二〇一九年九月一日

中島英行

略歴

一九四二年　中国長春（満洲国新京）生まれ
東京神学大学卒業
日本基督教団袋井教会、
日本キリスト教会柏木教会、南柏教会、静岡池田伝道所の牧師を歴任。
現在、無任所教師

〒二七〇－一一六七　千葉県我孫子市台田三丁目二－一－三〇

惜しむ神 ヨナ書講解説教

発行日……二〇一九年九月二十一日 第一版第一刷発行
定価……［本体一、六〇〇＋消費税］円
著者……中島英行
発行者……西村勝佳
発行所……株式会社 一麦出版社
札幌市南区北ノ沢三丁目四—一〇 〒〇〇五—〇八三二
郵便振替〇二七五〇—三—二七八〇九
電話（〇一一）五七八—五八八八 ＦＡＸ（〇一一）五七八—四八八八
URL http://www.ichibaku.co.jp/
携帯サイト http://mobile.ichibaku.co.jp/
印刷……株式会社総北海
製本……石田製本株式会社
装釘……鹿島直也

ISBN978-4-86325-119-9 C0016